Vorwort

Dieses Büchlein ist das dritte einer Reihe, die sich mit dem historischen und aktuellen Festbrauchtum und seinen Hintergründen beschäftigt. Am Anfang stand die Sonderausstellung **»Ostereier – Vom Symbol des Lebens zum Konsumsartikel«**. Sie wurde 1981 und in erweiterter Form 1982 im Hamburgischen Museum für Völkerkunde gezeigt. Die gleichnamige Begleitpublikation von Antje Kelm, Katharina Dietze und Rüdiger Vossen erschien in den ersten drei Auflagen als Wegweiser zur Völkerkunde Bd. 25 im Selbstverlag des Museums, seit 1987 in vierter Auflage unter dem Titel **»Ostereier – Osterbräuche«** im Christians Verlag Hamburg.

1985/86 folgte die Sonderausstellung **»Weihnachtszeit – Wendezeit. Martini bis Lichtmeß«**. Die Begleitpublikation des Autors und seiner Mitarbeiter Karla Vossen und Gertrud Schier erschien unter dem Titel **»Weihnachtsbräuche in aller Welt«** 1985 bereits im Christians Verlag Hamburg. Seitdem hat dieses Taschenbuch mehrere Auflagen erlebt.

In Ausstellung und Publikation wurde damals das Thema »Weihnachtskrippen« aus Raumgründen bewußt ausgespart. Bereits 1985 war geplant, diesem Bereich später eine eigene Ausstellung zu widmen. Wir freuen uns, daß dieser Plan 1990/91 mit der Sonderausstellung **»Höhle – Stall – Palast. Weihnachtskrippen der Völker«** im Völkerkundemusem Hamburg endlich realisiert werden kann.

Alle genannten Ausstellungen wären nicht möglich gewesen ohne das große und gezielte Engagement der unermüdlichen Sammlerin **Maud Pohlmeyer.** 1988 ist sie zur Ehrenkustodin des Hamburgischen Museums für Völkerkunde ernannt worden. Die Sammlerin Maud Pohlmeyer ist ein Phänomen. Hatte sie bereits Ende der 70er Jahre in kurzer Zeit eine große Sammlung traditioneller Ostereier und österlicher Brauchtumsobjekte zusammengebracht, so sammelte sie seit Anfang der 80er Jahre alles Material »rund um den Weihnachtsbaum« einschließlich der Brauchtumsobjekte von Martini bis Lichtmeß. Auf der Basis dieser Sammlung baute sie dann 1985 die Ausstellung »Weihnachtszeit – Wendezeit« auf. Sowohl die Osterbrauchsammlung von Maud Pohlmeyer als auch die Weihnachtsbrauchsammlung sind seitdem Sammlungsschwerpunkte der Eurasienabteilung des Völkerkundemuseums geworden.

Fast nebenbei sammelte Maud Pohlmeyer damals schon heutige Weihnachtskrippen. Betrug der Bestand schon 1985 etwa 150 größere und kleinere Krippen, so ist er bis 1990 auf über 250 Krippen aus aller Welt angewachsen. Aus diesem Bestand präsentieren wir im letzten Kapitel dieses Buches eine Auswahl von **143 Krippen aus 47 Ländern.** 66 davon stammen aus 18 europäischen Ländern, die übrigen 77 aus 29 außereuropäischen Ländern. Damit wird ein Spektrum des aktuellen Krippenbrauchtums geboten, das selten in vergleichbaren Ausstellungen und Publikationen erreicht wird.

Neben den Krippen werden auch einige **Kreuze** bzw. **Kruzifixe** vorgestellt, da der Erlösungsgedanke mit der Menschwerdung und Geburt Christi beginnt und sich mit der Auferstehung nach der Kreuzigung erfüllt (vgl. das Kapitel: Krippe und Kreuz – Lebensbaum und Weltenbaum). Die Kreuze, ein weiterer Sammelschwerpunkt von Maud Pohlmeyer, sind mittlerweile auf einen Bestand von etwa 250 Exemplaren aus verschiedenen Kulturkreisen angewachsen.

Zwischen dem Autor und Maud Pohlmeyer hat sich im Laufe der Jahre eine sehr fruchtbare Zusammenarbeit und Arbeitsteilung entwikkelt. Maud Pohlmeyer sammelt, pflegt die dazu notwendigen vielfältigen Kontakte und präsentiert die Sammlung in Absprache mit dem Autor und der Werkstatt des Museums in der Ausstellung, der Autor erarbeitet den theoretischen Hintergrund, schreibt die Begleitpublikation und verfaßt die Texte.

Aus dem Bestand des Museums sind nur wenige Krippen ergänzend hinzugezogen worden. Unser herzlicher Dank gebührt Bischof Longin (Düsseldorf), der für die Ausstellung Kultgeräte zur Verfügung gestellt hat, die in der orthodoxen Kirche die Krippe sinnbildlich ersetzen. Danken möchten wir neben den zuständigen Mitarbeitern des Museums auch dem Christians Verlag für die bereits bewährte gute Zusammenarbeit. Hervorheben möchte ich Frau Brigitte Saal, die das Titelfoto und die übrigen Farbfotos mit großem Engagement zusammen mit Frau Pohlmeyer gestaltet hat. Maud Pohlmeyer und Robert Langer haben freundlicherweise mein Computermanuskript Korrektur gelesen.

Zuletzt ergibt sich die Frage, was einen Völkerkundler an einem Thema interessiert, das normalerweise eher in religiösen Kreisen oder bei Sammlern Beachtung findet. Tatsächlich hat mich vor allem der Gedanke fasziniert, daß die »Frohe Botschaft« der Geburt Christi bei ihrer Wanderung um die Welt von den verschiedenen Völkern und Regionen zumindest in der äußeren Gestalt und Gestaltung der Krippen der jeweiligen Kultur angepaßt wurde. Die einheitliche Idee fällt auf einen anderen Kulturboden und wird den kulturell geprägten anderen Vorstellungen, Stilempfindungen und Bedürfnissen angepaßt. Im Kulturkontakt entsteht also in der Regel etwas Neues, Andersartiges, d. h. es wird, abgesehen von oberflächlichen Erscheinungsformen etwa einer weltweiten »Coca Cola- und Jeanskultur«, voraussichtlich **keine einheitliche Weltkultur** geben. Am Beispiel der Krippen läßt sich dies sehr gut demonstrieren (s. das Kapitel »Weltkultur oder Regionalkulturen«). Neben der für religiös fundierte Menschen »Frohen Botschaft« der Menschwerdung Gottes in einer Krippe gibt es also ein zweite »frohe Botschaft«: Die Welt entwickelt sich nicht nur zu einem gesichtslosen »Einheitsbrei« einer abendländisch technologisch geprägten Weltkultur, sondern wird in einer Vielfalt unterschiedlicher, sich ständig wandelnder Kulturen bestehen bleiben.

Hamburg, den 15. 8. 1990 Rüdiger Vossen

Vorwort zur 2. Auflage

Schneller als erwartet war eine zweite Auflage dieses Weihnachtskrippen-Büchleins erforderlich geworden. In der mit viel Liebe und Einfühlungsvermögen von Maud Pohlmeyer gestalteten Sonderausstellung *Höhle, Stall, Palast – Weihnachtskrippen der Völker* drängten sich die Zuschauer. Im Zeitraum vom 2. 11. 1990 bis 10. 2. 1991 wurden mehr als 34000 Besucher gezählt.

Unter den zahlreichen Bewerbern zur Übernahme dieser Ausstellung hat zunächst das *Museum im Marstall* des Heimat- und Museumvereins Winsen (Luhe) und Umgebung e. V. den Zuschlag bekommen. Auch in Winsen an der Luhe wird Maud Pohlmeyer ihre Gestaltungsgabe unter Beweis stellen. Im Zeitraum vom 23. 11. 1991 bis 2. 2. 1992 wird die Ausstellung dort zu sehen sein.

Im Herbst 1992 soll die Ausstellung in das idyllische Rhauderfehn bei Emden in Ostfriesland weiterwandern. Möglicherweise ist dann bereits eine 3. Auflage dieses Büchleins fällig. Dann werden auch inhaltliche Ergänzungen und Verbesserungen möglich sein, die aus Zeitgründen in der 2. Auflage noch nicht berücksichtigt werden konnten.

Mit den zuvor bereits im *Christians Verlag* Hamburg erschienenen Taschenbüchern *Weihnachtsbräuche in aller Welt* und *Ostereier – Osterbräuche* bildet der vorliegende Band eine europäische Brauchtums-Triologie. Sie kommt dem Bedürfnis unserer scheinbar so aufgeklärten Zeitgenossen entgegen, sich tiefer über regional gewachsenes religiöses Brauchtum und seine vorchristlichen Wurzeln zu informieren.

Hamburg, den 1. 8. 1991 Dr. Rüdiger Vossen

Die Weihnachtsgeschichte

Die Weihnachtsgeschichte der Bibel beginnt mit der **Verkündigung der Frohen Botschaft an Maria:**

»Und im sechsten Monat ward der Engel Gabriel gesandt von Gott in eine Stadt in Galiläa, die heißt Nazareth, zu einer Jungfrau, die vertraut war einem Manne mit Namen Joseph, vom Hause David; und die Jungfrau hieß Maria. Und der Engel kam zu ihr herein und sprach: Gegrüßet seist du, Hochbegnadete! Der Herr ist mit dir!

Sie aber erschrak über seine Rede und dachte bei sich selbst: Welch ein Gruß ist das? Und der Engel sprach zu ihr: Fürchte dich nicht Maria, du hast Gnade bei Gott gefunden. Siehe, du wirst schwanger werden und einen Sohn gebären, den sollst du Jesus heißen. Der wird groß sein und ein Sohn des Höchsten genannt werden; und Gott der Herr wird ihm den Thron seines Vaters David geben, und er wird ein König sein über das Haus Jakob ewiglich und seines Reiches wird kein Ende sein.

Da sprach Maria zu dem Engel: Wie soll das zugehen, da ich doch von keinem Manne weiß? Der Engel antwortete und sprach zu ihr: Der Heilige Geist wird über dich kommen, und die Kraft des Höchsten wird dich überschatten; darum wird auch das Heilige, das von dir geboren wird, Gottes Sohn genannt werden. Und siehe, Elisabeth, deine Verwandte, ist auch schwanger mit einem Sohn in ihrem Alter und geht jetzt im sechsten Monat, von der man sagt, daß sie unfruchtbar sei. Denn bei Gott ist kein Ding unmöglich. Maria aber sprach: Siehe, ich bin die Magd des Herrn; mir geschehe, wie du gesagt hast. Und der Engel schied von ihr ...« (Lukas-Evangelium 1, 26–38)

Jesus Christus sollte als Sohn Gottes nicht von einer normalen Frau, sondern von einer von Gott auserwählten Jungfrau geboren werden. Wie wir in unserem Buch »Weihnachtsbräuche in aller Welt« (Vossen 1985: 70 ff.) bereits dargelegt haben, geht diese **Hervorhebung Marias als Jungfrau und Gottesmutter** auf alte vergleichbare ägyptische Traditionen zurück: **In Ägypten spielte die jungfräuliche Isis die Rolle der Maria, und Horus galt als ihr göttlicher Sohn.**

Nach dem Besuch Marias bei Elisabeth, der Frau des Priesters Zacharias, die noch in hohem Alter den Propheten Johannes gebären sollte, heißt es weiter bei Lukas:

»Es begab sich aber zu der Zeit, daß ein Gebot von dem Kaiser Augustus ausging, daß alle Welt geschätzt würde. Und diese Schätzung war die allererste und geschah zu der Zeit, da Cyrenius Landpfleger in Syrien war.

Und jederman ging, daß er sich schätzen ließe, ein jeglicher in seiner Stadt.

Da machte sich auch Joseph aus Galiläa, aus der Stadt Nazareth, in das jüdische Land zur Stadt Davids, die da heißt ***Bethlehem,*** *weil er von dem Hause und Geschlecht Davids war, auf daß er sich schätzen ließe mit Maria, seinem vertrauten Weibe, die war schwanger.«*

Nazareth liegt nach heutigen Verhältnissen gerechnet etwa 170 Autokilometer nördlich von Jerusalem, Bethlehem 8 km südlich davon. Bethlehem ist heute ein südlicher Vorort Jerusalems. Maria mußte als hochschwangere Frau das Gebirge nördlich von Jerusalem überqueren und war in Begleitung von Joseph etwa eine Woche zu Fuß unterwegs. Sie folgten dabei wahrscheinlich einem alten Nomadenweg, den bereits Abraham mit seinen Herden gezogen war (vgl. Bogner 1981: 21 ff.). Der Evangelist Matthäus führt in seinem einleitenden Kapitel Jesus Christus genealogisch auf Abraham zurück, wenn er sagt:

»Jakob zeugte Joseph, den Mann der Maria, von welcher ist geboren Jesus, der da heißt Christus. Alle Glieder von Abraham bis auf David sind 14 Glieder (= Generationen). Von David bis auf die babylonische Gefangenschaft sind 14 Glieder. Von der babylonischen Gefangenschaft bis auf Christus sind 14 Glieder.« (Matthäus 1, 16–17)

Insgesamt ist also von 42 Generationen die Rede, die Christus von Abraham trennen. Je nachdem, ob man eine Generation mit 30 oder 40 Jahren berechnet, müßte Abraham danach zwischen 1260 und 1680 vor Christus gelebt haben, David zwischen 840 und 1120 vor Christus. Tatsächlich soll David um 1000 v. Chr. König der Juden geworden sein.

Der Evangelist Lukas berichtet weiter:

»Und als sie daselbst waren, kam die Zeit, daß sie gebären sollte. ***Und sie gebar ihren ersten Sohn und wickelte ihn in Windeln und legte ihn in eine Krippe;*** *denn sie hatten sonst keinen Raum in der Herberge.*

Und es waren Hirten in derselben Gegend auf dem Felde bei den Hürden, die hüteten des Nachts ihre Herde. Und siehe, des Herrn Engel trat zu ihnen, und die Klarheit des Herrn leuchtete um sie; und sie fürchteten sich sehr. Doch der Engel sprach zu ihnen:

Fürchtet euch nicht! Siehe, ich verkündige euch große Freude, die allem Volk widerfahren wird; denn ***euch ist heute der Heiland geboren, welcher ist Christus der Herr, in der Stadt Davids.*** *Und das habt zum Zeichen:* ***Ihr werdet finden das Kind in Windeln gewickelt und in einer Krippe liegen.***

Und alsbald war da bei dem Engel die Menge der himmlischen Heerscharen, die lobten Gott und sprachen: Ehre sei Gott in der Höhe und Friede auf Erden und den Menschen ein Wohlgefallen.

Und da die Engel von ihnen gen Himmel fuhren, sprachen die Hirten untereinander: Laßt uns nun gehen nach Bethlehem und die Geschichte sehen, die da geschehen ist, die uns der Herr kundgetan hat. Und sie kamen eilend und **fanden beide, Maria und Joseph, dazu das Kind in der Krippe liegen.**

Da sie es aber gesehen hatten, breiteten sie das Wort aus, welches zu ihnen von diesem Kinde gesagt war. Und alle, vor die es kam, wunderten sich über die Rede, die ihnen die Hirten gesagt hatten. Maria aber behielt alle diese Worte und bewegte sie in ihrem Herzen. Und die Hirten kehrten wieder um, priesen und lobten Gott um alles, was sie gehört und gesehen hatten, wie denn zu ihnen gesagt war ...« (Lukas-Evangelium 2, 1–20)

Völkerkundlich gesehen handelt es sich bei diesen »Hirten« wahrscheinlich um jüdische Nomaden, die auf der Suche nach Weidegründen für ihre Ziegen und Schafe ihre schwarzen Ziegenhaarzelte in der Nähe der fruchtbaren und wasserreichen Davidstadt Bethlehem, dem »Haus des Brotes« (Bogner 1981: 23), aufgeschlagen hatten.

Höhle, Stall oder Palast?

Die Evangelisten erwähnen als Geburtsort weder eine Höhle noch einen Stall oder Palast, die in vielen europäischen Krippendarstellungen als selbstverständlicher Hintergrund der Geburtsszene angenommen werden. Wahrscheinlicher als ein Stallgebäude ist jedenfalls die Annahme einer Geburtsgrotte oder einer Höhle, die den Nomaden auch als »Stall« oder Pferch zur vorübergehenden Unterbringung ihrer Herden gedient haben mag.

Bethlehem liegt fast 800 m hoch am Rande der Wüste Juda in einem felsigen, von Sandsteinbergen, Höhlen und Grotten geprägten Gelände.

Als **Geburtshöhle** hat man bereits zur Zeit der ersten Christen eine etwa 12 m lange, 3 m hohe und 2 bis 5 m breite Höhle östlich von Bethlehem lokalisiert. Der Überlieferung nach soll sich in dieser Höhle bereits der Erzvater Abraham verborgen haben. Wie wir wissen, wurden nach alter Anschauung die Gründer oder Urväter vieler Religionen in Höhlen geboren, denen eine mystische Kraft als »Schoß des Lebens« zugeschrieben wurde (z. B. Geburt von Kain und Seth durch die Urmutter Eva in einer Höhle des Paradiesberges, Geburt des Zeus im Idagebirge auf Kreta, Geburt des Mithras in einer persischen Höhle und der Maria in Nazareth, vgl. Bogner 1981).

Kaiser Hadrian (117–138) ließ in der Geburtshöhle von Bethlehem, angeblich aus Feindschaft gegenüber den Christen, einen **Venus- oder Adonistempel** errichten, wo nichtchristliche Frauen den Tod des Frühlingsgottes beklagten. Der Sage nach war Adonis ein schöner Königssohn, in den sich die Liebesgöttin Aphrodite (Venus) verliebt hatte. Von seinem Nebenbuhler Ares getötet, konnte Adonis in jedem Frühjahr dennoch wieder aus dem Reich des Todes (Unterwelt, Höhle) auferstehen, um Aphrodite zu lieben.

Kaiserin Helena, die Mutter des ersten Christenkaisers Konstantin des Großen, soll in der Geburtsgrotte dem Kirchenvater Hieronymus begegnet sein. Ihr Sohn Konstantin ließ dort um 330 die erste christliche Basilika errichten.

Von 1350 bis in das 16. Jh. wird die Geburtshöhle von Franzikanern betreut, von 1620 bis 1690 von armenischen Christen. Im 18. Jh. erhalten griechisch-orthodoxe, armenische und lateinische Christen Besitzanteile und Nutzungsrechte an der Geburtskirche. Heute gehören der Hauptaltar und der Beschneidungsaltar den Griechisch-Orthodoxen, der Altar der Jungfrau und der Heiligen drei Könige den Armeniern, der Krippenaltar unter dem Chor in der Geburtsgrotte den römisch-katholischen Franziskanern. Gottesdienste werden von griechischen, armenischen, koptischen und lateinischen Christen abgehalten.

Über der Stelle der mutmaßlichen Krippe liegt in hellem Lichtschein der silberne Stern von Bethlehem mit der Inschrift **HIC DE VIRGINE MARIAE JESUS CHRISTUS NATUS EST – Hier wurde von der Jungfrau Maria Jesus Christus geboren.** (Bogner 1981)

In der Barockzeit wurde es in Fürstenkreisen Mode, die Geburt Christi in einen prachtvollen Palast oder in Palastruinen inmitten einer südländischen Landschaft zu verlegen. Insbesondere die Krippendarstellungen neapolitanischer und spanischer Fürsten gerieten zu einer Selbstdarstellung mit prunkvollem Hofstaat, aber auch mit ethnographisch interessanten Szenen aus dem täglichen Leben des Landvolkes. In vergleichbarer Tradition stehen die aufwendigen Krakauer Krippen, die den Geburtsort in die prachtvolle Kulisse der Krakauer Marienkirche verlegen (s. Farbfoto VI).

Was ist eine Krippe?

Zweifellos verstand man unter KRIPPE zunächst allein den Futtertrog für im Stall gehaltene Tiere. Der heilige Hieronymus (347–420), Übersetzer der griechischen Bibel ins Lateinische (»Vulgata«) und langjähriger Klostervorsteher in Bethlehem, beklagt die Entfernung der ursprünglich aus Lehm gefertigten Krippe in Bethlehem, die durch eine silberne ersetzt worden sei. Die ursprüngliche Krippe war vermutlich ein Futtertrog aus einem Lehm-Häcksel-Gemisch, oder sie war aus dem Stein bzw. Lehm der Höhle herausgehauen (Bogner 1981: 100 f.). Jedenfalls war es kein aus Holz bestehender auf gekreuzte Beine gestellter hölzerner Kasten, wie spätere Darstellungen glauben machen. Die ursprüngliche Bedeutung des deutschen Wortes **Krippe – Flechtwerk, Geflochtenes, geflochtener Futtertrog –** spiegelt allenfalls Vorstellungen, wie sie auf mittelalterlichen Tafelmalereien, Fresken und Ölgemälden überliefert sind. Der Futtertrog diente jedoch auch als Krippe oder Wiege für kleine Kinder. Auf diesem Weg kam es auch zu dem Brauch des »Kindleinwiegens« (s. unten) und zur späteren Nebenbedeutung des Wortes Krippe für Kinderkrippe als Kinderheimstätte (franz. crèche).

Die **Bezeichnung *Krippe*** wurde im deutschen Sprachbereich im 17. Jh. vom Futtertrog oder der Kinderwiege auf das ganze Figurenensemble und die Krippenlandschaft übertragen (erste Erwähnung 1626 in der Franziskanerkirche in Innsbruck, s. Bogner 1981: 128). Eine ähnliche Begriffserweiterung vollzog sich in Italien *(greppia),* Frankreich *(crèche),* in der Provence *(crupia)* und England *(cratch, crib).* In den romanischen Ländern setzten sich jedoch die aus dem Lateinischen *»praesepium, praesepe«* (Krippe) abgeleiteten Begriffe *presepe* (Italien), *presebre* (Spanien), *pessebre* (Katalonien) oder *presepio* (Portugal) durch. Daneben gibt es von dem Geburtsort Bethlehem abgeleitete Krippenbezeichnungen wie *bethlem, belén,* pl. *belénes* für Kirchenkrippen in Spanien und Portugal, *bethlehem, betlejo, betlém* neben *zlobek* oder *szopka* (»Schuppen«) in Polen (Lanz 1981: 90 f.) und *belém* in der Tschechoslowakei neben dem einheimischen Begriff *jesle* bzw. *jeslicky* (Johnová 1967). Außerdem gibt es Bezeichnungen, die sich auf die Geburtsszene beziehen wie *nacimientos* für fürstliche Krippen in Spanien (Berliner 1955: 24).

So vielfältig die Bezeichnungen für die Weihnachtskrippen in den einzelnen Ländern sind, so unterschiedlich sind auch die **Definitionen,** was man unter einer Krippe versteht. Rudolf Berliner, ein Pionier der Krippenforschung, beschreibt die Krippen folgendermaßen:

Foto 1: Maisstrohkrippe aus der Tschechoslowakei. Die Figuren bestehen aus gebleichten Hüllblättern von Maiskolben.

»Weihnachtskrippen, wie sie im 16. Jahrhundert im römisch-katholischen Kulturbereich zu entstehen begannen, waren anschauliche Rekonstruktionen der Geburtsgeschichte Christi, die im Beschauer das Gefühl erregen sollten, dem Geschehen selber beizuwohnen.« (Berliner 1955: 13)

Oder etwas ausführlicher an anderer Stelle: Weihnachtskrippen sind

». . . Darstellungen mit der Geburt Christi verbundener Ereignisse, bei denen im wirklichen dreidimensionalen Raum möglichst körperlich und lebendig wirkende Figuren so verteilt sind, daß im Beobachter das Gefühl entsteht, ihnen selbst beizuwohnen, damit in ihm die religiösen Gefühle in jener Stärke erregt werden, die dem erlebten Wunder angemessen sind. Diese Definition ist kompliziert, aber das entspricht der uneinfachen Natur der Krippe.« (Berliner 1955: 14)

Hier wird die Krippe in erster Linie als **Mittel zur Andacht und Erbauung** gesehen (Kriss-Rettenbeck 1967). Markus Walz, der in einer gründlichen, literaturkritischen Dissertation die Krippenforschung der letzten Jahrzehnte zusammenfaßt, definiert:

»Als Weihnachtskrippe wird jedes gegenständliche, unbewegte Bild der Kindheitsgeschichte Jesu verstanden, das nur zur Festzeit sichtbar ist und zunächst bildhaftes Objekt . . . ist. Die Zuordnung zu einem Kulturgattungsbegriff (Kunst – Volkskunst – Brauch) bleibt vorerst ungeklärt.« (Walz 1988: 31)

Tatsächlich ist von vornherein nicht zu entscheiden, ob die Krippe mit ihren teilweise sehr kunstvollen Figuren ein reines Kunstobjekt ist oder Ausdruck regionaler Volkskunst, ein Meditations-, Erziehungs- oder Werbemittel oder Ausdruck lokalen oder regionalen Brauchtums (s. dazu das Kapitel »Funktionen der Krippe«, unten).

Was gehört zur Krippe?

1. Das Herz der Krippe: Die heilige Familie

Das Herz oder Kernstück der Krippe ist zweifellos die **»Heilige Familie«:** Maria, Josef und das Jesuskind, das in der Krippe liegt. Dazu kommen in der Regel noch die beiden Tiere Ochs und Esel. In der Literatur wird diese Figurengruppe auch »der innere Kreis« genannt (Bogner 1981).

Im Laufe der Krippengeschichte hat man das **Jesuskind** unterschiedlich dargestellt und bekleidet: Auf spätantiker Sarkophagplastik trägt das Jesuskind Wickel oder ein Hemdchen. Nach der Vision Birgittas von Schweden 1372 trägt das Kind leinene Tücher und ein wollenes Wickeltuch. In der Bildenden Kunst verringert sich jedoch der Bekleidungsgrad seit dem 14. Jahrhundert. Im 15. Jh. ist das Kind meist nackt. Nach dem Verbot des Nackten durch das Konzil von Trient (1563) wird das Kind auf Kunstwerken wieder als Wickelkind dargestellt. Nackte Kinder kommen später nur noch selten vor.

In seiner Haltung ist das Jesuskind meist mit ausgebreiteten Armen dargestellt. Damit wird entweder eine einladende Geste assoziiert oder die spätere Haltung von Jesus Christus am Kreuz vorweg genommen (s. dazu das Kapitel »Krippe und Kreuz«).

Maria wird als schlanke, junge Frau dargestellt – meist mit blonden Haaren. Wie die Sammlung Pohlmeyer jedoch eindeutig belegt, ist die Darstellungsweise in den Krippen verschiedener Kontinente durchaus unterschiedlich, angefangen vom anthropologischen Typus der Maria (europäisch, afrikanisch oder asiatisch) über die Haarfarbe, die Haartracht bis zur Art der Bekleidung.

In Europa trugen Jungfrauen das Haar meistens offen. Der überwiegend weiße Rücken- oder Haarschleier, der bis ins 16. Jahrhundert über dem Rückenmantel getragen wurde, wird später aufgegeben, weil der Schleier zur Matronentracht gehörte (Walz 1988: 191 ff.). Die Darstellungsweise der Kleidung orientiert sich also an dem regional und sozial unterschiedlichen Zeitgeschmack, d. h. an den Kleidungstraditionen der jeweiligen Bevölkerung oder sozialen Schicht.

Nach europäischer Tradition wird Maria in den **Farben** weiß, rot und blau gekleidet. Diese Farben symbolisieren Reinheit, Liebe und Treue (Kruhöffer, 1987: 6; Weinhold/Suchland 1978: 26). Nach Gottfried Haupt (Die Farbensymbolik in der sakralen Kunst des abendländischen Mittelalters. Dresden 1941) symbolisierte das Rot (rotes Fleisch) die Erde, blau den Himmel. Nach dieser Auffassung sind Himmel und Erde in Maria vereint.

Foto 2: Pappmaché-Krippe aus Ungarn: Typisch die Szene am Ziehbrunnen in der ungarischen Puszta. 1982

In ihrer Haltung repräsentiert Maria den Zeitgeschmack bzw. besondere Lehrmeinungen der Zeit: Auf frühchristlichen Sarkophagen dominiert die thronende, im Zeitraum vom 10. zum 15. Jh. die liegende Maria. Nach Verbreitung der Visionsvorstellungen von Johannes de Caulibus und Birgitta von Schweden, die eine Anbetung Jesu durch Maria und Josef schildern, herrschten seit dem 14.–15. Jh. knieende Darstellungen vor (Walz 1988: 193 ff.).

Größer ist die Variationsbreite der Haltung von **Josef:** sitzend, grübelnd bis zum 14./15. Jh., danach meist stehend oder kniend, ein alter Mann, der häufig eine Laterne oder Kerze in der Hand trägt. Daneben ist er bei verschiedenen Tätigkeiten dargestellt: Holz sägend, schleppend, zur Krippe einladend, Geschenke empfangend, das Kind schützend usw.

Engel treten vorwiegend als Sänger oder als Verkündigungsengel auf. Meistens tragen sie eine weiße Tunika, die allen Seligen zusteht.

Ochs und Esel

Bei Isaias 1,3 heißt es: »Der Ochse kennt seinen Besitzer und der Esel die Krippe seines Herrn; Israel aber hat mich nicht erkannt, und mein Volk erkennt mich nicht.« In der späteren Dichtung gab man den Tieren die rührende Aufgabe, das frierende Kind mit ihrem Atemhauch zu wärmen. Ochs und Esel gehörten ursprünglich wie die Krippe zum Stall. Nur in den Breiten, wo keine Esel vorkommen, z. B. in Schwarzafrika, kann an die Stelle des Esels eine Ziege oder ein Wasserbüffel treten, wie mehrere Krippen in der Sammlung Pohlmeyer zeigen.

Der Ochse galt auch als Sinnbild des jüdischen Volkes, der Esel stand für das Heidentum. Gertrud Weinhold (1978: 27) bemerkt dazu:
»Die Tiere stünden zeichenhaft für menschliche Haltungen, für Völker, so meinten die Kirchenväter. Die Auffassung von Papst Gregor dem Großen, daß der Esel, das Lasttier, die Heidenwelt symbolisiere, die schwer die Sündenlast trüge, deckte sich mit der viel früheren Ansicht vom Heiligen Hieronymus. In Fortsetzung dieser allegorischen Auslegung sah man den unter das Joch gezwängten Ochsen als Spiegelung des jüdischen Volkes an, das unter dem einengenden Gesetz seufzte.«

Dem Esel war im weiteren Verlauf der Weihnachtsgeschichte noch eine besondere Bedeutung vorbehalten: als »Transportmittel« der Hl. Familie auf der **Flucht nach Ägypten.** Allerdings wird der Esel bei den Evangelisten nicht ausdrücklich erwähnt. Bei Matthäus (Kap. 2, 13–15) heißt es lediglich:

Foto 3: Birkenstammkrippe aus Polen. Stehengelassene Birkenrinde verkörpert die »Kleidung«. Wadowice 1986

Foto 4: Die Hl. Familie der Angermann-Krippe, Polen (s. Titelbild) vor einem Blockkruzifix von K. Odój, Polen 1958

Flucht nach Ägypten, *Malerei auf dem Rückenbrett eines sizilianischen Karrens: Maria im Damensitz auf dem Esel mit dem Wickelkind, Josef mit Wanderstab in einer sizilianischen Landschaft. Privatsammlung Hamburg*

»Da sie (die Weisen) *aber hinweggezogen waren, siehe, da erschien der Engel des Herrn dem Joseph im Traum und sprach: Stehe auf und nimm das Kindlein und seine Mutter zu dir und flieh nach Ägyptenland und bleib allda, bis ich dir's sage; denn Herodes geht damit um, daß er das Kindlein suche, es umzubringen. Und er stand auf und nahm das Kindlein und seine Mutter zu sich und entwich nach Ägyptenland ...«*

Für spätere Interpreten bestand jedoch kein Zweifel darin, daß die Flucht auf dem Esel erfolgt sein müsse. Maria sitzt mit wallenden Gewändern im Damensitz auf dem Esel und hält das Kind in den Armen. Daneben schreitet Joseph mit dem Wanderstab, an dem häufig das Wäschebündel und die Wasserflasche hängen.

Und schließlich spielt der Esel noch zum Beginn der Leidensgeschichte eine Rolle, als Jesus am Palmsonntag als »König der Juden« unter dem Jubel des Volkes nach Jerusalem einreitet.

2. Hirten und Engel

Die Hirten auf dem Felde und der Verkündigungsengel gehören zum zweiten Kreis, zur zweiten Gruppe, die den ersten Kreis, die Hl. Familie, umgeben kann, aber nicht umgeben muß (vgl. Bogner 1981).

Hauptypen sind: der kniende, anbetende Hirt an der Krippe, der herbeieilende Hirt, der musiziernde Hirt, der bei seiner Herde lagernde Hirt und der stehende, jugendliche Hirt, der ein Lamm auf seinen Schultern trägt. Diese Figur war schon im klassischen Alterum eine bekannte Darstellungsform für den »guten Hirten«. Sie wurde von der frühchristlichen Kunst als Symbol Christi nach dem Gleichnis vom »guten Hirten« übernommen.

Zu den Hirten oder den Nomaden gehören natürlich ihre Tiere: Schafe und Ziegen oder andere Herdentiere. Dazu gesellt sich häufig ein Wachhund, meistens in naturalistischer Darstellung.

3. Die Weisen aus dem Morgenlande

Die »Weisen aus dem Morgenlande« bilden mit ihrem Gefolge den dritten Kreis der Krippe. Da die Bibel ihre Zahl nicht angibt, waren es in den Katakombenfresken zunächst zwei, als Stützen des Weltgebäudes vier, als Vertreter der Stämme Israels zwölf (Schier in Vossen 1985: 146). Erst der Kirchenlehrer Origines Adamantios (185–254) schloß aus der Zahl der im Matthäus-Evangelium genannten drei Geschenke, daß es sich um die heilige Dreizahl handeln müsse.

Aus bestimmten Bibelstellen des Alten Testamentes (Psalm 71,10 und Isaias 60,3) schloß man, daß es sich bei den Gabenbringern um Könige handeln müsse: *»Könige von Tarsis und von den Inseln bringen Geschenke, Könige von Arabien und Saba kommen mit Gaben.«* Tarsis war das alte Tartessos, als Hafenstadt an der Mündung des Guadalquivir im Südwesten Spaniens ein reicher Umschlagplatz des Zinnhandels mit England. Die »Könige von Arabien und Saba« erinnern an den uralten Handelsweg der »Weihrauchstraße«, die von Südarabien über Saba nach Petra und Palästina führte.

Foto 5: Steinzeugkrippe aus England: Gefäßkeramik mit Applikation; Töpfermeister James Furniss

Die Gaben haben symbolischen Charakter: Mit Gold wird der neugeborene Christus nach antikem Brauch als König geehrt, mit Weihrauch als Gott, mit Myrrhe als Arzt und Heilender, als Heiland und Erlöser. Die »Legenda aurea« des Jacobus de Voragine erläutert dazu: *Das Gold bezeichnet die edel Gottheit, weil es edler ist als alles Metall; der Weihrauch bezeichnet die andächtige Seele, denn Weihrauch bedeutet Andacht und Gebet; die Myrrhe bezeichnet den reinen Leib. Denn sie schützt vor Unreinheit.«* Myrrhe, ein Harz, wurde zu Salben, Parfum und Räucherwerk verarbeitet. Wegen seiner konservierenden Wirkung diente aus auch zur Einbalsamierung von Leichen. Die »Legenda Aurea« vermittelt folgende Interpretation: *»Sankt Bernhard aber spricht, daß sie Gold opferten für die Armut Mariens, Weihrauch wider den bösen Geruch des Stalles, Myrrhen, um des Kindes Glieder zu kräftigen und die bösen Würmer zu vertreiben.«* (Schier in Vossen 1985: 147)

Frühchristliche Darstellungen zeigen die Weisen oder die »Magier« (los magos) als »Fremdlinge« in asiatischer Tracht mit »phrygischer« Zipfelmütze persischer Herkunft. Erinnerungen an Mithras-Darstellungen werden wach (vgl. Vossen 1985: 73 ff.). Seit dem 7. Jahrhundert entwikkelt sich aus der Zipfelmütze ein kronenartiger Hut, bis daraus seit dem 8./9. Jh. echte Kronen werden (Weinhold 1978: 47; Walz 1988: 203 ff.).

Etwa gleichzeitig mit der Verwandlung der »Magier« in drei Könige (seit dem 7./8. Jh.) entstand die Vorstellung von den drei Lebensaltern – Jüngling, Mann und Greis, vertreten durch **Kaspar, Melchior und Balthasar.** Der angelsächsische Historiker Beda Venerabilis bemüht sich um eine Übersetzung ihrer Namen: Melchior heißt »Lichtkönig«, Balthasar »Gottesschutz«, Kaspar »Schatzträger«. Melchior, der älteste, schenkt Gold, Balthasar, der Mann auf der Höhe seines Lebens, schenkt Myrrhe, der jüngste, Kaspar, der Mohr, folgt als letzter mit Weihrauch.

Seit dem 12. Jahrhundert wurden die Könige auch zu Vertretern der damals bekannten drei Erdteile Europa, Asien (= Indien) und Afrika. Melchior, der Greis, ist in Purpurmantel mit Hermelinbesatz der König Europas, Balthasar, der reife Mann, der König Asiens. Er kommt mit dem Weihrauch im Abendmalskelch, ist orientalisch gekleidet, meist in grünen Gewändern mit Pelzumhang. Kaspar, der Mohr, erscheint mit Turban und Pluderhose. Die Bezeichnung »Mohr« geht auf latein. maurus, mauri (= Mauren), die Bewohner Mauretaniens, Nordafrikas oder Südspaniens zurück. Seit dem 15./16. Jh. setzt sich die Vorstellung von einem dunkelhäutigen, afrikanischen König allgemein durch (Walz 1988: 204).

Der Legende nach sollen die heiligen drei Könige im Jahre 54 n. Chr. gestorben sein. Kaiserin Helena soll die Gebeine nach Konstantinopel gebracht und dem Mailänder Bischof Eustorgius im 4. Jh. geschenkt haben. Nach der Eroberung Mailands durch Kaiser Friedrich Barbarossa, 1158, brachte sie der Kölner Erzbischof Rainald von Dassel über Chur nach Köln, wo sie heute noch verehrt werden.

Aus einsichtigen Gründen galten die Könige, obwohl sie niemals heilig gesprochen wurden, als Schutzpatrone des Adels. Doch wurden sie auch seit dem 15. Jh. zunehmend Patrone des Bürgertums, der Gastwirte und der reisenden Kaufleute. Als Schutzpatronen der Reisenden wollte man ihnen auch Stall, Haus und Hof anvertrauen. So setzte sich vor allem in den katholischen Gegenden Deutschlands die Segensinschrift

19 + C + M + B + 90

durch. Am 6. Januar, dem Dreikönigstag, wurde sie nach Ausräuchern des Hauses mit Weihrauch über den Türen und im Kamin mit geweihter Kreide angeschrieben. Die Inschrift soll das Haus vor Feuer schützen

Foto 6: Torfkrippe aus Irland, Blockkrippe, vor einem irischen Kruzifix auf dem Schädel Adams (s. Kap. Krippe und Kreuz)

Foto 7: Gabenbringer (Santons) aus der Provence, Südfrankreich; Gesichter aus Terracotta von H. Cavasse, Aix-en-Provence

und alles Unheil abwehren. Die drei Buchstaben, verbunden mit der Jahreszahl, stehen für **Caspar, Melchior und Balthasar.** In protestantischen Gebieten ist auch die Interpretation **»Christus Mansionem Benedicat«** (Christus segnet dieses Haus) verbreitet (vgl. Schier in Vossen 1985: 148).

Zum Krippengefolge der Könige zählte im barocken 18. Jahrhundert der »Himmlische Hofstaat« mit reich gekleideten Ministern, Kammerherrn, Dienern mit kostbaren Geschenken, Affen, Kamel- und Elefantentreibern und einem bunten Völkergemisch von Türken, Mongolen, Chinesen, Mohren usw. Der Phantasie waren keine Grenzen gesetzt (vgl. Weinhold 1978: 50).

Im 19. und 20. Jh. wurde die Ausstattung der Krippen bescheidener, d. h. meistens auf die heiligen drei Könige und ggfs. ihre Reittiere reduziert. Zur Betonung des zeitlichen Ablaufs paßte man das Krippengeschehen in den sog. **Wechselkrippen** den liturgischen Festen an: Am 25. Dezember eilten die Hirten mit ihren bescheidenen Gaben herbei. Die heiligen drei Könige sah man mit ihren Packtieren erst in der Ferne. Am 6. Januar, dem Dreikönigstag, waren sie dann bei der Krippe angekommen, um das Kind anzubeten und ihre Opfergaben darzubringen.

4. Krippenlandschaften, Nebenfiguren und völkerkundliche Genreszenen

Abgesehen von den wichtigsten anthropologischen Typen der drei großen Menschenrassen, die auch in den Weihnachtskrippen der Welt repräsentiert sind, zeigt sich völkerkundliche Vielfalt vor allem in den Nebenfiguren der Krippe und den Genreszenen des täglichen Lebens. Genreszenen zeigen typische Abläufe des Volkslebens mit den täglichen Arbeiten der Frauen oder dem Handwerk der Männer. Hier vor allem boten sich viele Möglichkeiten, die Krippengeschichte in die heimatliche Welt und die typische Umgebung der lokalen Landschaftsformen zu verlegen. Gleichzeitig bot sich damit ein persönlicher Zugang zum zeitlich und räumlich fernen Krippengeschehen und eine Gelegenheit, sich mit der heiligen Familie als Bestandteil der eigenen Welt zu identifizieren.

So wundert es nicht, daß die neapolitanischen und römischen Barockkrippen des 18. Jhs. in einer italienischen Landschaft oder vor dem Hintergrund römischer Ruinen aufgebaut sind. Marktszenen, Handwerk, Trachten, Spiel und Tanz zeigen typisierte italienische Szenen des täglichen Lebens der damaligen Zeit. Ähnlich verhält es sich mit Tiroler Krippen, die in eine Felsenlandschaft verlegt sind, oder mit Waldlandschaften des bayerischen Mittelgebirges, mit Heidelandschaftskrippen in

Norddeutschland, mit Bergmannskrippen aus dem Harz, aus Böhmen, dem Erzgebirge oder aus Schlesien, mit den Santons in der provencalischen Landschaft und den typischen Gabenbringern dieser Region, mit Dorfszenen in westafrikanischer Landschaft oder mit Indiogruppen der südamerikanischen Anden. Die Sammlung Pohlmeyer enthält vielfältige Beispiele für die Anpassung und Umsetzung der einheitlichen Weihnachtsbotschaft in andere Kulturen und Regionen.

Jede Region hat außerdem charakteristische Nebenfiguren beizusteuern wie die Bettler in italienischen Krippen, Zigeuner (Gitans) in provencalischen, Bergleute in böhmischen oder erzgebirgischen, Bürgermeister in städtischen, Schornsteinfeger in Tiroler, dem Hund Zamperl in Münchener Krippen oder Trommlerfiguren in afrikanischen Krippen (vgl. Bogner 1981).

Krippenzyklus

Das Krippengeschehen folgt einem festen zeitlichen Ablauf im Krippenjahr. Allerdings sind nicht alle Stationen in allen Krippen vertreten. Außerdem gibt es regionale und zeitbedingte Unterschiede (vgl. Bogner 1981, Weinhold 1978).

In Tirol beginnt der Krippenzyklus mit der Aufstellung eines in ein Buch versenkten **Propheten.** Er repräsentiert das Alte Testament mit allen seinen Weissagungen bezüglich der erhofften Ankunft des Messias.

Dagegen beginnt in Bayern oder dem Salzkammergut das Krippenjahr mit der Ankunft des **»weißen Reiters«** oder des **»Goldenen Rössls«.** Er gilt als Vorreiter, als Herold und Vorbote der kommenden Ereignisse. Im Salzkammergut wird die Heiliggeist-Taube im Herrgottswinkel durch den vorweihnachtlichen **Kindl-Stern** ersetzt. Dieser symbolisiert das erhoffte, aber noch nicht geborene Jesuskind (vgl. Abb. 8).

Es folgt die **Verkündigung Marias.** Der Erzengel Gabriel (d. h. Mann Gottes) überbringt Maria die »Frohe Botschaft«, daß sie Gottes Sohn Jesus gebären werde. In einigen Krippen schließt sich der **Gang Mariens über das Gebirge zu ihrer Base oder Kusine Elisabeth** an. Diese erwartet auch ein Kind, den Vorläufer Jesu, Johannes den Täufer.

Der Krippenzyklus wird fortgesetzt mit dem **Weg nach Bethlehem** und der **Herbergsuche.** In einem alten Weihnachtsspiel wurde die Herbergsuche 9 Tage vor Weihnachten mit der Szene »Frauentragen« oder »Josephstragen« dargestellt. Die Herbergsuche hat vor allem in Mexiko zwei

Foto 8: Stern-Kindl aus Österreich: Weihnachtsstern mit dem »noch nicht geborenen Jesuskind«. Josef Schögl, Traunstein

weit verbreitete Bräuche hervorgerufen: die ***»posadas«*** und die ***»piñatas«:***

»Posada bedeutet Herberge. Es handelt sich um ein Krippenspiel mit zwei Gruppen in Privathäusern, wobei die eine Gruppe vor einer Krip-

Foto 9: Christbaumschmuck aus Schlesien: Verkündigungsengel und Krippenszene; Laubsägearbeit von Frau von Boltenstern

penszene mit leerer Krippe die hartherzigen Wirtsleute spielt, die andere die schutzsuchenden Pilger. Die religiös inspirierte Suche nach einem Nachtquartier für die Heilige Familie geht über in ein lustiges Spiel für Kinder, eine Art Topfschlagen. Dabei wird ein mit buntem Papier geschmückter Tontopf, die piñata, an einer Leine aufgehängt und mit Früchten, Nüssen und Süßigkeiten gefüllt. Den Kindern verbindet man nacheinander die Augen, bis es einem Kind gelingt, den Topf mit einem Stock zu zerschlagen. Die Posada-Spiele, die am 16. 12. beginnen, erreichen ihren Höhepunkt am Weihnachtsabend, wenn ein kleines Bild oder Püppchen als Jesuskind in die Krippe gelegt wird.« (Vossen 1985: 126 f.)

Die **Geburtszene** selbst ist das Kernstück jeder Krippe und darf deshalb in keiner Krippe fehlen. Zu dieser Szene gehören, wie in diesem Band vielfach erläutert wurde, Maria, Josef, das Kind, die Krippe und ggfs. noch Ochs und Esel.

Es folgen die **Verkündigung an die Hirten** durch den Engel auf dem Feld vor Bethlehem und die **Anbetung der Hirten** vor der Krippe.

Der Krippenzyklus der meisten Krippen endet mit dem Zug der **heili-**

Foto 10: Feinschnitzerei aus Oberammergau: Die »Hirten auf dem Felde« mit dem Verkündigungsengel; Heini Zwink 1987

gen drei Könige mit ihrem Gefolge bzw. mit der **Anbetung der Könige** vor der Krippe. In großen Krippen folgen noch die **Darstellung und Beschneidung Jesu** im Tempel, die Flucht der **hl. Familie nach Ägypten** und der **Kindermord von Bethlehem** (Einzelheiten dazu s. vor allem bei Bogner 1981).

Beginn einer neuen Zeit

Die Weisen aus dem Morgenlande und der Stern von Bethlehem

»Da Jesus geboren war zu Bethlehem im jüdischen Lande zur Zeit des Königs Herodes, siehe, da kamen Weise vom Morgenland nach Jerusalem und sprachen: Wo ist der neugeborene König der Juden? Wir haben seinen Stern gesehen im Morgenland und sind gekommen, ihn anzubeten ...
Da berief Herodes die Weisen heimlich und erkundete mit Fleiß von ihnen, wann der Stern erschienen wäre, und wies sie nach Bethlehem und

sprach: Ziehet hin und forschet fleißig nach dem Kindelein; und wenn ihr's findet, so sagt mir's wieder, daß ich auch komme und es anbete. Als sie nun den König gehört hatten, zogen sie hin. Und siehe, der Stern, den sie im Morgenland gesehen hatten, ging vor ihnen hin, bis daß er kam und stand oben über, wo das Kindlein war. Da sie den Stern sahen, wurden sie hoch erfreut und gingen in das Haus und fanden das Kindlein mit Maria, seiner Mutter, und fielen nieder und beteten es an und taten ihre Schätze auf und schenkten ihm Gold, Weihrauch und Myrrhe . . .«
(Matthäus-Evangelium, 2, 1–12)

Wie Matthäus berichtet, orientierten sich die Weisen aus dem Morgenlande an dem Stern, der ihnen den Weg nach Bethlehem wies. Für die damals führenden babylonisch-chaldäischen Astrologen im Euphrat-Tigris-Gebiet war eine Verknüpfung der Beobachtung der Gestirne mit dem Geschehen auf Erden selbstverständlich. Ihrem astrologischen Weltbild nach war der Umgang der Götter mit den Menschen in den Sternen vorgezeichnet. Die Frage ist nun, welche Sternkonstellation den Weisen den Weg gewiesen haben mag.

Im Jahre 7 v. Chr. fand eine außergewöhnlich Planetenkonjugation von Jupiter und Saturn im Sternbild der Fische statt. Volle 8 Monate sollen beide Planeten nebeneinander her gewandert sein, dreimal standen sie ganz eng zusammen. Hinzu trat noch der Planet Mars und vermehrte ihren Glanz.

Jupiter galt als Königsstern, Saturn als Gottesstern oder »Auge Gottes« und als Beschützer des Volkes Israel. Das Sternbild der Fische wurde mit Palästina und Syrien in Verbindung gebracht. Trafen nun der Königsstern und der Gottesstern im Sternbild der Fische zusammen, so hieß das nach astrologischer Auffassung, daß in Israel ein göttlicher König geboren würde (vgl. Weinhold 1978: 44; Kruhöffer 1987: 8).

Was hätte das für das Geburtsjahr Christi zu bedeuten? Aus dem Evangelium wissen wir, daß Jesus während der Regierungszeit des Königs Herodes geboren wurde. Herodes regierte von 37 bis 4 v. Chr. Damit sprächen viele Indizien dafür, daß **Jesus nicht im Jahre 0, dem Beginn unserer heutigen Zeitrechnung, sondern 7 oder 6 Jahre vorher geboren wurde,** als die auffällige Konstellation von Jupiter und Saturn den Weisen den Weg nach Bethlehem wies.

Nach neueren Forschungsergebnissen der amerikanischen Astronomen Ernest Martin (Pasadena) und John Mosley (Los Angeles) gab es allerdings auch im Jahre 2 v. Chr. eine auffällige Konjugation der Planeten Jupiter und Venus, die im Folgejahr dem hellen Fixstern Regulus im Sternbild des Löwen begegnete. Dazu kam im Jahr 1 v. Chr. eine enge

Jupiter-Mars Konjugation. Gleichzeitig stand die Sonne im südlichen Teil des Sternbilds der Jungfrau. Das Sternbild des Löwen galt als Tierkreiszeichen des Volkes Juda (»Löwe von Juda«), Venus als Göttin der Fruchtbarkeit. Die Sonne im Sternbild der Jungfrau deute in diesem Zusammenhang auf die bevorstehende Jungfrauengeburt hin (Bogner 1981: 104). Mit dieser Theorie ist freilich nicht vereinbar, daß Herodes bereits im Jahre 4 v. Chr. gestorben war.

Das genaue Datum der Geburt Christi steht also weiterhin »in den Sternen.« Als »Stern von Bethlehem« gilt nach orthodoxer Auffassung in der Ostkirche das **Oktogramm,** der Achtstern. Er gilt als Marias Jungfrauenstern. In seiner Figur ist auch das **Kreuz** enthalten.

Krippe und Kreuz – Lebensbaum und Weltenbaum

»Was in der Nacht von Bethlehem begann und auf Golgatha endete und in der Auferstehung von Gott vollendet wurde, ist ein Machtwechsel gewesen. Jesus Christus hat die Wende der Welt gebracht. Dieser Herrschaftswechsel wird im Neuen Testament mit einer Fülle von Gegensätzen bezeichnet: Tod und Leben, Fleisch und Geist, Gesetz und Freiheit, Unglaube und Glaube, Angst und Hoffnung, Verhärtung des Herzens und Liebe . . .

Weihnachten ist kein Fest der Harmlosigkeit . . . Denn das Kind, das jetzt in der Krippe liegt, wird sich in den Tod geben lassen »für uns«. Die Erzählung dieser Nacht, in der die Botschaft vom Mensch gewordenen Gott verkündigt wird, ***führt hin zum Kreuz . . .«***

(Karl-Alfred Odin, 1990: 118 ff.)

Es ist tatsächlich so: **Krippe und Kreuz stehen dicht nebeneinander. Theologisch gesehen sind Krippe und Kreuz, Geburt und Tod Anfang und Ende eines konsequenten christlichen Heilsplanes.** Zum besseren Verständnis ist es ratsam, die frühchristliche Bedeutung des Kreuzes wieder in den Vordergrund zu rücken. Das christliche Kreuz war ursprünglich kein Leidens- und Opfersymbol, sondern ein **Symbol der Hoffnung,** die allen Zweifel auflöst (Rosenberg 1975: 43).

Das Kreuz stellt eine Vereinigung von Gegensätzen dar: Horizontale und Vertikale, Licht und Dunkelheit, männlich und weiblich, kalt und warm, das Obere und das Untere. Die Gegensätze werden jedoch im Symbol des Kreuzes am Schnittpunkt der Kreuzbalken aufgehoben. Das

Kreuz als Weltenbaum, *byzantinisches Elfenbeintäfelchen (aus Rosenberg 1975 : 55): Das Kreuz als Siegeszeichen verbindet Himmel (Sterne) und Erde (Pflanzen und Tiere des Paradieses). Die Rosenblüten an den Kreuzenden und der Mitte symbolisieren die 5 Wunden Christi und die Blüten der Ewigkeit. Links vom Kreuz der der Kreuzmitte zugeneigte Lebensbaum mit Weinranke, Weintrauben und Paradiesvogel, rechts der Todesbaum mit Efeuranke und giftigen Beeren. Durch den Erlösungstod Christi am Kreuz wird der Gegensatz von Leben und Tod symbolisch aufgehoben.*

Kreuz bildet gleichsam Schuß und Kette im Gewebe der Schöpfung, die nach christlicher Auffassung dadurch vor dem Auseinanderfallen in ein Chaos bewahrt wird.

Ist es nicht so, daß der Mensch selbst nichts anderes ist als ein »lebendiges Kreuz"? Breiten wir die Arme aus, so bilden diese zusammen mit dem Rückgrat eine kreuzförmige Figur. Und in überhöhter Form hing

Kreuz als Lebensbaum, Steinrelief einer Chorschranke, Kathedrale von Torcello bei Venedig *(aus Rosenberg 1975 : 61). Auch hier verbindet das Kreuz Himmel und Erde. An seinem Stamm rankt sich ein endloses Rankenwerk empor. Im Zentrum die zum Schwur erhobene »Hand Gottes« neben Sonne und Mond. Die Wipfel der beiden Urbäume des Heils und des Unheils verneigen sich vor der Kreuzesmitte. Die beiden großen achtstrahligen Sterne symbolisieren den himmlischen Kosmos – die Acht ist ein Sinnbild für Ruhe und Frieden jenseits allen Wandels.*

Christus am Kreuz: *»Es spannte Gott in seinem Leiden die Arme aus und umfaßte den Erdkreis.«*
(Lakantius, zitiert nach Rosenberg 1975: 49)

Im übertragenden Sinn ist das **Kreuz als Lebensbaum** zu sehen. Der Baum aus der Mitte des Paradieses verschmilzt mit dem heilspendenen Kreuz zu einem einzigen Gebilde. Nach einer Legende vertrocknete der Lebensbaum, als Adam aus dem Paradies vertrieben wurde. Doch zuvor brach Adam einen Zweig von ihm ab und pflanzte ihn außerhalb des Paradieses in die Erde. Nach einer anderen Version erhielt Seth, Adams Sohn, von einem Engel Kerne der Frucht des Lebensbaumes zum Geschenk und übertrug damit den Baum des Lebens in das Menschen-

Tonkreuz aus Mexiko, *mit plastischen Darstellungen der verschiedenen, miteinander verbundenen biblischen Ereignisse: Adam und Eva mit der Schlange unter dem Paradiesbaum, Geburt Christi, Taufe im Jordan, Kreuzigung, Himmelfahrt, Schädel Adams in der Hölle; Arbeit von Luis Valencia Mendoza in San Antonio Ocotlan/Oaxaca; Privatbesitz Hamburg*

reich. Aus dem Holz dieses Baumes wurde später der neue Lebensbaum, das Kreuz, gehauen und verbunden.

Einer anderen Überlieferung nach wurde **Adam** aus der Erde des Tempelberges in Jerusalem, Zion, geschaffen und auf dem Berge Golgatha begraben. Dort soll auch das Zentrum des Paradieses gewesen sein mit dem Paradiesbaum in der Mitte. Danach wurde der Lebensbaum des Kreuzes genau an der Stelle des Lebensbaumes des Paradieses errichtet.

Der erste Adam wird sündig, indem er verbotenerweise vom Baum der Erkenntnis aß – der Lebensbaum verdorrte. **Christus, der zweite Adam,** erlöst den ersten Adam und seine Nachkommen von ihrer Schuld, indem er den Lebensbaum wieder grünen und Frucht tragen läßt. Nicht ohne Grund steht in Ikonendarstellungen der Ostkirche das Kreuz über einem Schädel, dem Schädel Adams, der auf Golgatha begraben sein soll.

Das **Mysterium der Krippe,** der **Geburt** Jesu, ist also in inniger Weise mit dem **Mysterium des Kreuzes** verbunden, Hippolyt von Rom hat dieses Mysterium in hymnischer Weise besungen mit den Worten:

»Dieser himmelweite Baum ist von der Erde zum Himmel gewachsen. Unsterbliches Gewächs, reckt er sich auf zwischen Himmel und Erde. Er ist der feste Stützpunkt des Alls, der Ruhepunkt aller Dinge, die Grundlage des Weltenrundes, der kosmische Angelpunkt. Er faßt in sich zur Einheit zusammen die ganze Vielgestalt der menschlichen Natur. Von unsichtbaren Nägeln des Geistes ist er zusammengehalten, um sich aus seiner Verbindung mit dem Göttlichen nicht zu lösen. Er führt an die höchsten Spitzen des Himmels und festigt mit seinen Füßen die Erde, und die weite mittlere Atmosphäre dazwischen umfaßt er mit seinen unermeßlichen Armen.«
(zitiert nach Alfons Rosenberg 1975: 51 f.)

Nach dieser Interpretation ist das **Kreuz Weltenbaum und Weltenmitte.** Mit seinen Armen faßt es die zerfallende Weite des Kosmos zur Einheit zusammen: *»Die Liebesarme des Gekreuzigten reichen bis ans Ende der Welt – die Horizontale des Kreuzes sinnbildet darum das göttliche Liebesband, das die Schöpfung verbindet. Dadurch, daß der Lebensbaum des Kreuzes mit seiner Spitze den Himmel berührt und mit seiner Wurzel die Erde festigt, verbindet er vertikal Himmel und Erde, Gott und die Schöpfung ...«*
(Rosenberg 1975: 52)

Die **Vorstellung vom Lebensbaum als Weltenbaum** ist fast in allen Kulturen verankert. Das christliche Weltbild nimmt hier keine Sonderstellung ein. In der christlichen Kunst erscheint das Kreuz häufiger in Gestalt eines Baumes mit Stamm und belaubten Ästen, als Weinstock oder auch als Rosenstrauch. Nach alter Überlieferung war das Paradies von einer Rosenhecke umgeben. Daraus ist die Vorstellung von **»Maria im Rosenhag«** (im Rosengarten) entstanden: Maria als Rosenstrauch in der Mitte des Paradieses, Christus als Rose, als Himmelsblüte. So kann das Kreuz auch als Rosenstock erscheinen – wie die Rose aus dem Rosenstrauche sproß, so die Himmelsrose Christus aus dem Holz des Kreuzes. Christus

ist zudem mit fünf roten Rosen, seinen fünf Wunden geschmückt, mit denen er die Menschheit erlöste. Die Rose symbolisiert himmlische Kraft, Schönheit und Fülle. Das Kreuz als Rosenstock bildet, christlich gesehen, die ragende Achse der Welt, die durch alle Zeiten und Jahreszeiten hindurch wächst, blüht und Früchte des ewigen Lebens spendet. (Rosenberg 1975: 52)
Betrachtet man die Balken des Kreuzes in ihrer tiefen Symbolkraft, so wird mit den Worten Alfons Rosenbergs (1975: 59) folgendes deutlich:

»Der in die Erdentiefe, nach Westen, der Todesrichtung weisende Balken enthüllt sich dann als ***Sinnbild der Christgeburt*** *in Armut und Niedrigkeit, in der Verborgenheit der Erdhöhle, und zugleich als Bild seines Abstieges in das Grab der Erdhöhle, in die Unterwelt. Der horizontale, nord-südlich gerichtete Kreuzbalken sinnbildet sodann Christi Erdenwandel, sein erdumspannendes Lehramt, während der himmelanstrebende östliche Balken seine Auferstehung und seine Himmelfahrt darstellt ...«.*

Das Kreuz ist bei dieser sinnbildlich geographischen Betrachtungsweise liegend wie das Schiff einer Kirche gedacht: Die burg- und höhlenartige Westfassade, gleichzeitig Geburtsstätte Christi, schützt vor allen bedrohlichen Mächten des Todes, der Ostchor mit dem Altar weist zur aufgehenden Sonne, zum Licht und zur Auferstehung, während das nord-südlich orientierte Querschiff das erdumspannende Wirken Christi symbolisiert.

Kleine Krippengeschichte

Wahrscheinlich wird sich nie vollständig klären lassen, wo und mit welcher Absicht die erste Krippennachbildung entstanden ist. Jedenfalls ist an eine Entstehung zu denken, die auf verschiedene Wurzeln zurückgeht.

Zu den ältesten Darstellungen der Geburtsszene gehören zweifellos Malereien in römischen Katakomben und Sarkophag-Reliefs aus dem 4. Jahrhundert. Anfangs sind nur das Kind in der Krippe mit Ochs und Esel, einem Hirten und einem Engel zu sehen, später erst Maria und

Joseph. Papst Sixtus brachte im Anschluß an eine Palästinareise der oströmischen Kaiserin Helena die angeblichen originalen Holzbrettchen der ersten Krippe aus Bethlehem mit und stellte sie 440 in der Basilika S. Maria Maggiore in Rom aus. Im Volksmund heißt diese römische Hauptkirche bis heute auch »S. Maria ad praesepe« (zur Krippe), obwohl 1750 die Echtheit dieser Krippe wiederlegt wurde (Bogner 1981: 150).

Zwischen diesen Darstellungen und den überlieferten mittelalterlichen Krippenvorstellungen besteht jedoch eine zeitliche Lücke von etwa 800 Jahren. Deshalb fällt es schwer, eine ungebrochene Krippentradition seit der frühchristlichen Zeit anzunehmen. Folgende mittelalterliche Wurzeln sind deshalb als Vorläufer der heutigen Traditionen in Betracht zu ziehen:

1. Mysterien- und Wiegenspiele,
2. Plastische Darstellungen in Kirchen und Kapellen
3. die Christnachtfeier des Hl. Franz von Assisi von 1223.

Bei den **Mysterien- und Wiegenspielen** stand die Krippe im Mittelpunkt. 1162 wird erstmals von einem »Herodesspiel« in Augsburg berichtet, zu gleicher Zeit etwa von Wiegenspielen im Innviertel. Auf der Wormser Synode von 1316 wird erwähnt, daß »nach altem Brauch« zu Weihnachten eine Krippe aufgestellt werde, um davor am Dreikönigstag eine Feier abzuhalten. Im 14. Jh. wurden in Frankreich, Spanien und Italien Krippenspiele mit Marionetten aufgeführt. In den Frauenklöstern scheint das Jesuskind als Babyersatz behandelt worden zu sein, indem das Kind »aus der Wiege genommen, umhalst und geküßt« wurde (Dominikanerin Ebner – 1277–1355 – nach Bogner 1981: 150).

Die Krippenspiele wurden anfangs in lateinischer, seit dem 15. Jh. auch in deutscher Sprache aufgeführt. Auf dem Höhepunkt nahm man das Kind aus der Krippe und begann, ihm zu Ehren zu tanzen und zu singen, z. B. das alte weihnachtliche Wiegenlied *»In dulci jubilo, nun singet und seid froh, unseres Herzen Wonne liegt in praesepio, scheint heller als die Sonne, Alpha est et O, Aplpha est et O . . .«* oder auch *»Joseph, lieber Joseph mein, hilf mir wiegen das Kindelein . . .«*

Sebastian Franck bemerkt in seinem Weltbuch 1534: Am *»fest der geburt Christi/ da hat man an vil orten seltzam spil/ wiegen eyn hultzen kind oder götzlein in der kirchen.«*
(Berliner 1955: 16)

1480 bringt ein Franziskanerbruder das bis heute berühmte **»Santo Bambino«** aus Jerusalem nach Rom in die römische Basilika S. Maria in Aracoeli (»Himmelsaltar«) auf dem Kapitol. Es ist aus dem Olivenholz vom Ölbaumgarten Gethsemane geschnitzt und reich mit Votivgaben geschmückt. Bis heute wird es in der Heiligen Nacht in die große Krippe der Basilika gelegt und von einer kleinen Kanzel aus von Kindern mit Gedichten angesprochen. Wie Italiens berühmtestes Kind, zärtlich **»bambinello«** genannt, zu seinem Ruhm gelangte, berichtet der Reiseschriftsteller Ferdinand Gregorovius in einer rührenden Legende (s. Vossen 1986: 123).

Eine Variante des Kindes in der Wiege bildete das **Bornkindl** oder **Bornkinnel,** eine liegendes oder stehendes Jesuskind, das in einem verglasten Schmuckkasten auf dem Altar zu Schau gestellt und ggfs. zum »Kindleinwiegen« heraus genommen wurde. Bornkindl kann heißen (gerade) geborenes (Christ)Kind. Als Christkind oder Bescherkind lebt es in den katholischen Regionen weiter. Im Böhmerwald und in den Alpenländern heißen die Bornkindel **Fatschenkind** (fatschen = binden, wickeln, mit Bändern umwickeln). Sie wurden später im »Kindlkastl« aufbewahrt und verehrt. Im Unterschied zu den Krippen mit beweglichen Figuren liegt das Jesuskind in diesen sog. **Kastenkrippen** in einem Guckkasten fest. (Ruland 1878: 101 f.; Lanz 1981: 8; Bogner 1981: 27)

Später berühmte Formen des reich geschmückten Wiegen- und Wickelkindes bilden das **»Loretokindl«,** das **»Prager Kindl«** oder das **»Salzburger Kindl«** im Kapuzinerinnenkloster Salzburg. Das »Loretokindl« ist benannt nach dem Wallfahrtsort Loreto bei Ancona. Eine Legende erzählt, nach der Eroberung von Nazareth durch die Türken (1291) sei das »santa casa«, das Geburtshaus Marias oder das Haus der Hl. Familie durch die Lüfte nach Dalmatien und 1295 von dort auf das Grundstück der Witwe Lauretta nach Loreto getragen worden. Das »Prager Kindl« oder »Prager Jesulein« ist eine Nachbildung des Loretokindls mit einem besonders langschäftigen Kreuz. Es wurde von der Fürstin Benigna Katharina von Lobkowitz als Hochzeitsgeschenk von Spanien nach Prag mitgebracht. Die Fürstin gründete 1626 nach dem Vorbild von Loreto eine »santa casa« in Prag und schenkte das Kind 1628 der Kirche auf dem Prager Hradschin. (Bogner 1981: 137 ff.)

Es ist bisher nicht ausreichend erforscht, ob nicht auch die sogenannten **Ölberge** oder **Kalvarienberge,** Passionsdarstellungen mit großfigurigen Szenen, Vorläufer der Weihnachtskrippen im 14. und 15. Jh. sein können. Jedenfalls waren plastische Darstellungen der Heilsgeschichte in der damaligen Zeit nicht ungewöhnlich.

Zu den ersten Erwähnungen plastischer Darstellungen von Krippen in Kirchen und Kapellen zählt die Bestellung einer Weihnachtskrippe in Italien im Jahre 1384: hölzerne Figuren einer liegenden Maria mit Kind, Joseph, zwei Engel, ein Hirte mit zwei Schafen, ein Lamm und die Köpfe von Ochs und Esel. Um 1480 schnitzte der Südtiroler Bildhauer Michael Pacher für die Kirche in St. Wolfgang im Salzkammergut eine Dreikönigsgruppe mit gefaßten, vollplastischen, verstellbaren Figuren.

Die erste **private Krippe** oder **Hauskrippe** ließ sich der hl. Cajetan von Thiene (1480–1547) bauen, um davor private Andachten und öffentliche Predigten zu halten. Um 1560 waren fürstliche Hauskrippen in Italien bereits weiter verbreitet. Der Herzogin Constanze von Amalfi gehörte in Celano eine umfangreiche, aus 116 Figuren bestehende Krippe in zwei großen Truhen. Zur gleichen Zeit schnitzte der Hauslehrer Bernardo Buontalenti für den Prinzen Francesco di Medici eine umfangreiche Hauskrippe mit beweglichen Figuren (Bogner 1981: 150 ff.).

In der Tradition dieser frühen fürstlichen Hauskrippen sind die **Palastkrippen** der Adligen in Rom, Neapel und Palermo zu sehen, die sich seit der 2. Hälfte des 16., vor allem im 17. und 18. Jahrhundert, zu voller Blüte entwickelten (s. Italien, unten S. 66). Nach Rom und Palermo kam **Neapel** als letztes Zentrum zur Krippe. Erst um 1720 hatte sich dort die Krippenkunst in Kirchen und Privathäusern allgemein durchgesetzt.

In Deutschland gab es in adeligen und großbürgerlichen Kreisen eine ähnliche Entwicklung. Angeregt durch Mönchsorden wurden um die Weihnachtszeit seit etwa 1550 sogenannte **Christgärten** zur Veranschaulichung der Weihnachtsgeschichte in den Häusern angelegt. Im Mittelpunkt standen ein Schloß oder eine große Villa in einem Park. Um die heiligen Familie gruppierten sich Engel, Hirten und die drei Weisen sowie die in Bethlehem zur Volkszählung herbeigeströmten Händler, Bauern, Handwerker, Bettler, Soldaten und Kinder. Wegen zu weltlicher Bezüge kam es in katholischen Gebieten zu Verboten dieser Darstellungen (Regensburg 1789, Bamberg 1803).

Doch in protestantischen Gebieten lebte dieser Brauch fort. In Göttingen soll es um 1800 in jedem Haus einen Christgarten gegeben haben. Nach 1850 kamen mechanische Spielwerke mit beweglichen Figuren auf. Auch **kriegerische Ereignisse** (!) wurden in den Christgärten dargestellt mit vielen Zinnsoldaten. In Göttingen nannte man die weihnachtliche Besichtigung derartiger aufwändiger Christgärten **»Christgartenreise«** (Schmeling 1986).

In katholischen Kreisen wird die Entstehung der ersten Krippe häufig von der **Christnachtfeier des Heiligen Franz von Assisi 1223 im Wald von**

Tafel I: **Verkündigungsszene aus Oberammergau:** Maria mit dem Engel Gabriel und dem heiligen Geist in einem Blattgold- und Silber-Strahlenkranz; Schnitzer Hans Klucker

Tafel II: **Krippe nordfinnischer Art** mit Stangenzelt (kota) der Lappen, einem Lappenpaar in Tracht und Rentieren; Auli Koski-Steffen, 1987

Tafel III: **Geschnitzte Krippe aus der Schweiz:** Hl. Familie, 2 Bauern, Esel mit Stall, leicht getönt

Tafel IV: **Neapolitanische Terracotta-Krippe:** Maria mit dem Kind und Josef unter einem Blütenkranz

Tafel V: **Tonkrippe aus Spanien:** Heilige Familie mit liegender Maria, Ochs und Esel und dem Engel, Murcia

Tafel VI: **Krakauer Tragekrippe (szopka)** aus leichtem Holzgerüst, Pappe und Staniolpapier mit den Türmen der Krakauer Marienkirche, Polen 1988, Sammlung Hamburgisches Museum für Völkerkunde

Greccio abgeleitet. Das Kloster Greccio liegt in den Albanerbergen bei Rieti nördlich von Rom. Giovanni Bernardone, der spätere heilige Franziskus, hatte mit Erlaubnis des Papstes Honorius III. in diesem Wald eine Futterkrippe mit lebenden Tieren, Ochs und Esel, allerdings ohne die Hl. Familie, aufgebaut, um davor zu predigen. Wir wissen heute jedoch, daß sich diese sicher besonders eindrucksvolle Feier in die Tradition der mittelalterlichen Krippenspiele einreiht. So kann der Hl. Franziskus nicht als »Erfinder« der Weihnachtskrippe angesehen werden, wie häufig behauptet wird. Die Franziskaner waren auch später an der Verbreitung der Krippen nicht führend beteiligt. So wurde z. B. in der von Franziskanern betreuten Geburtskirche von Bethlehem erst 1610 eine Jesuskind-Statuette zur Weihnachtszeit aufgestellt (Berliner 1946: 267).

Das Verdienst, die Krippenidee entscheidend verbreitet zu haben, kommt dagegen den **Jesuiten** im 16. und 17. Jahrhundert zu. Die erste sicher bezeugte **Jesuitenkrippe** stand 1560 im Jesuitenkolleg von Coimbra/Portugal. Doch man weiß nicht genau, wie sie ausgehen hat (Berliner 1955: 32). Zur gleichen Zeit sind Kirchenkrippen bereits in Prag, Zaragoza, München und Wien belegt, 1561 in Lissabon und Murcia, 1562 in Mainz, 1563 in Tournai, 1565 in Trier und 1568 in Köln (Karasek-Langer, 1967: 10). Danach verbreitete sich die Weihnachtskrippenidee über die Missionsgebiete in der ganzen Welt (Näheres dazu s. unten S. 45 ff.).

Der Jesuit Philip de Berlaymont schrieb 1619 zur Rechtfertigung der Krippenaufstellung in lateinischer Sprache (übersetzt von Berliner 1955: 30):

». . . es ist überall bekannt, daß die Jesuiten die fromme Einrichtung der Vorfahren befolgen, zu Weihnachten kleine Krippen als Nachbildungen des Stalles von Bethlehem aufzustellen . . .: In einer Hausruine, an deren strohernem Dach ein in die Höhe ragender Stern befestigt ist, wird zwischen Maria und Josef die Krippe mit dem Kinde aufgestellt. Hirten und Engel sind anwesend, und das ganze ist so geschickt arrangiert, daß das ***Frömmigkeitsgefühl der Beschauer auf das lebhafteste erregt wird. Sie glauben, dem wunderbaren Ereignis selbst beizuwohnen, mit eigenen Ohren das Wimmern des Kindes und die himmlische Musik zu hören, mit eigenen Händen die Windeln zu betasten, und ein heiliger Schauder erfaßt sie . . .«*** (Hervorhebungen durch den Autor)

Hier wird deutlich, wie bewußt und psychologisch überzeugend die Jesuiten die Krippe in ihrer Lehr- und Missionsarbeit eingesetzt haben. Allerdings ist noch nicht erwiesen, daß die Jesuiten die alleinigen Verbreiter der Krippenidee waren. Die Rolle der übrigen Orden, z. B. der Minoriten und Kapuziner, ist bisher lediglich noch nicht so gut erforscht worden (zur Kritik der Jesuiten- und Franziskaner-Diffusionsidee vgl. Walz 1988: 22 ff.).

Der Brauch war anfangs keineswegs fest geprägt, sondern lokalen Veränderungen unterworfen und ständig in Fluß. So stellte die Mission Rottweil 1652 auf dem Hochaltar eine Krippe in einer Stallhütte mit lebensgroßen Figuren auf. 1654 kam es in Weiden dabei zu einem Streit, als die Patres auf den Altar der gemeinsam mit den Protestanten benutzten Kirche das Christkind zwischen Engeln aufgestellt hatten. Im protestantischen Gottesdient mußte die Gruppe verdeckt werden und wurde dann entfernt »wegen allzu großen Erfolges bei der Jugend beiderlei Konfessionen.«
(Berliner 1955: 35)

Daraus kann allerdings nicht abgeleitet werden, daß sich die Krippentradition nur in katholischen Gebieten entwickelt habe. So ist z. B. im katholischen Frankreich eine alte Krippentradition nur in der Provence nachzuweisen, im erzkatholischen Irland hat sie sich erst in jüngster Zeit entwickelt. Dagegen wurde der erste Krippenverein 1789 im protestantischen Lößnitz im Erzgebirge gegründet (Bogner 1981: 152). Allenfalls läßt sich sagen, daß sich die Krippenidee in den protestantischen Gebieten später und zögerlicher entwickelt hat (Walz 1988: 221 f.).

Mit dem Zeitalter der Aufklärung kam es, vor allem zwischen 1670 und 1780, zu **Krippenverboten,** die sich vor allem gegen zu populäre und zu weltliche Darstellungen bei Krippen und Krippenspielen und gegen zu starken Publikumsandrang zur Weihnachtszeit richtete, der die Beschaulichkeit der Klöster störte (Bogner 1981: 153 f.). Zur Begründung der Verbote hieß es auch, die Krippe habe ihre Funktion als Anschauungsmaterial für leseunkundige Gläubige erfüllt. In der neuen Zeit sei sie überflüssig geworden. Tatsächlich verschwanden die Krippen zumindest vorübergehend aus den Kirchen und Klöstern, fanden aber eine Zuflucht in den Bürgerhäusern. Karasek-Lenz bemerkt dazu einleitend in seiner »Krippenkunst in Böhmen und Mähren« (1974: 1): *»So setzte um 1770 sprunghaft eine Entwicklung ein, die zur ›bürgerlich handwerklichen Krippenkunst‹ führte.«*

Eine größere Verbreitung im Volk erfuhr die Krippe erst mit dem Aufkommen billiger Massenware Ende des 18. Jahrhunderts, etwa mit der Entwicklung der Spielzeugindustrie im Erzgebirge (1780–90). 1784 ist die erste Drechselwarenarbeit in Kallich nachzuweisen. Im gleichen Jahr ist die Erfindung des in Holzmodeln gepreßten Papiermachés durch Josef Schöffel in Reichenau bei Gablonz belegt.

Foto 11: Zinnkrippe; Theaterkrippe aus Diessen/Ammersee

Foto 12: »Harzer Bergmannskrippe«; Josef als Bergmann mit Mooskäppchen und Froschlampe, Pochjunge mit Erzkübel; M. Meier, Altenau/Oberharz 1989

Die Papiermaché-Verarbeitung entwickelte sich vor allem in nördlichen Erzgebirge und im nordböhmischen Oberland. die erste industrielle Erzeugung von Papiermaché-Figuren 1830 in Oberleuthensdorf/Böhmen.

Um 1800 entstanden die ersten Krippen-Ausschneidebögen in Bilderbogen-Druckereien in Prag. Nach 1850 kam es zur Massenanfertigung von Gipsabgüssen holzgeschnitzter Figuren in Böhmen (s. dazu Walz 1988: 29).

Die evangelische Brüderanstalt in Züllchow bei Stettin stellte in der 2. Hälfte des 19. Jhs. Krippen auch für den Verkauf her, ebenso die evangelische Jugendfürsorge-Anstalt Rauhes Haus in Hamburg in den 20er Jahren dieses Jahrhunderts.

Krippenherstellung und Handel wurden nicht zuletzt durch die Gründung von Gewerbe- und Schnitzschulen Ende des 19. und Anfang des 20. Jhs gefördert: Seit ca. 1870 in Tirol, 1895 Oberammergau, St. Ulrich im Südtiroler Grödnertal, Bad Warmbrunn in Schlesien (Walz 1988: 88).

Im Rheinland entstanden die ersten Krippenwerkstätten Ende des 19. Jhs. Die Preise gingen aufgrund neuer Kopiertechniken zurück. Es entwickelten sich Abgußverfahren sog. Künstlerkrippen. Um 1930 erfand Karl Kuolt (1879–1937) eine Graviermaschine, die den Bronzeguß einer holzgeschnitzten Figur abtastet und in verschiedenen Maßstäben dreidimensional nachschneidet (Walz 1988: 90).

1892 schenkte der Münchener Max Schmederer seine ausgezeichnete private Krippensammlung dem Bayerischen Nationalmuseum. Auf 1000 qm wurden neapolitanische, Tiroler und süddeutsche Krippen publikumswirksam ausgestellt. Davon gingen starke Impulse für die Krippenforschung (z. B. die Arbeiten von Rudolf Berliner) und die weitere Sammeltätigkeit aus.

Zur weiteren Verbreitung der Krippenidee trugen zweifellos auch die Krippenvereine bei, die seit 1860 und verstärkt seit den 20er Jahren aus dem Boden schossen. In den letzten beiden Jahrzehnten haben in zunehmenden Maße private, kirchliche und staatliche Ausstellungen zur Verbreitung der Krippenidee beigetragen (s. unten).

Eine Botschaft geht um die Welt

Bei der Verbreitung der Krippenidee vor allem durch die Jesuiten war es schon angeklungen, welche Attraktion die dreidimensionale Darstellung der »Frohen Botschaft« vor allem beim einfachen Volk ausübte. Der bereits genannte Jesuitenpater Philip de Berlaymont schilderte 1619 die Einführung der Krippe 1599 in Lahore (Ostindien) als großen Erfolg: »Zwanzig Tage seien die Besucher, deren Zahl man niedrig auf 3000–4000 schätzte, herbeigeströmt.«

Dieser und die folgenden Berichte sind der grundlegenden Arbeit des Krippenforschers Rudolf Berliner (1955: 30 ff.) entnommen:

1595 wird in Japan der erste Aufbau einer Krippe erwähnt. Der Eindruck war so groß, daß dem Kind kostbare Geschenke dargebracht wurden. In der Kirche des Jesuitenkollegs in Goa (Indien) wurde eine einfache Krippenszene 1597 durch andere biblische Darstellungen bereichert. Es ist nicht bekannt, ob in diese Krippen bereits japanische bzw. indische Elemente eingingen, oder ob es sich um reine Übertragung der europäischen Vorstellungen gehandelt hat. Erwähnt wird lediglich, daß auch »Mohammedaner und Heiden« dem Christkind ihre Reverenz erwiesen. Der Zustrom von außerhalb soll so groß gewesen sein, daß man die Krippe noch 8 Tage nach dem Dreikönigstag stehen ließ.

Auf den Marianeninseln hatte ein spanischer Jesuitenpater zwischen 1662 und 1672 eine Krippe errichtet, zu der die Stämme der Insel herbeiströmten. Doch der Pater nutzte das Interesse aus und ließ nur die zu, die die hauptsächlichen christlichen Glaubensvorstellungen beherrschten.

In Brasilien dürften Ende des 16. Jhs. vielerorts bereits umfängliche Krippen verbreitet gewesen sein, wie sich aus dem kritischen Visitationsbericht eines Paters erschließen läßt. Er wollte ein Verbot erwirken, doch der Ordensgeneral Claudio Aquaviva folgte 1592 den Bitten der Patres in Brasilien, den Krippenbau weiter zuzulassen – allerdings mit der gebotenen Mäßigung.

Aus Kanada berichtete der 1649 als Märtyrer gestorbene P. Jean de Brébeuf von der besonderen Hingabe der Huronen zur Geburt Christi. Die frei aufgestellte Krippe mit den Kind sei mit einer kleinen Kapelle aus Zedern- und Fichtenzweigen umgeben worden. Ähnliche Krippen gab es bei den benachbarten Algonquin. Die im Gebiet der Mohawks errichtete kleine Krippe des Paters Francois Boniface, die er mit Laub und Lichtern geschmückt hatte, erlebte nach 1699 einen derartigen

Andrang, daß der Pater an der Kirchentür eine Auswahl unter den Nichtgetauften treffen mußte, denen er den Zutritt gestattete.

Rudolf Berliner stellt (1955: 32) zusammenfassend fest, die Jesuiten hätten in ihren Missiongebieten keineswegs etwas Neues einführen wollen, sondern lediglich innerhalb der Kirche gewachsene Vorstellungen genutzt, um die christliche Lehre möglichst anschaulich zu vermitteln. Das Neue entstand erst im Laufe der Zeit, indem die Bekehrten ihre eigenen, auf anderem Kulturboden gewachsenen Anschauungen mit der einheitlichen christlichen Botschaft verbanden. Die vermittelte Botschaft ergab in der Verbindung mit anderen, kulturell geprägten Vorverständnis zumindest äußerlich, und ich möchte behaupten, auch innerlich, wieder etwas Neues.

Weltkultur oder Regionalkulturen?

Am Beispiel der Verbreitung der Krippenidee läßt sich deutlich belegen, daß es trotz der äußerlich immer enger zusammenwachsenden Welt **keine einheitliche, uniforme Weltkultur geben kann und geben wird.** Die These einer immer enger zusammenwachsenden Weltgemeinschaft, einer **»dörflichen Gemeinschaft auf globaler Ebene«** oder eines **»globalen Dorfes«,** die der kanadische Theoretiker Marshall McLuhan verbreitet hat (McLuhan: Medium is the Message. An Inventory of Effects. 1967 oder The Gutenberg Galaxy. The Making of Typographic Man. 1962) läßt sich aus völkerkundlich-vergleichender und kulturhistorischer Sicht klar widerlegen.

Die weltweit verbesserten Verkehrsbedingungen, intensive Reisetätigkeit von Kaufleuten und Touristen, der Einfluß des weltweiten Handels (»Coca Cola- und Jeanskultur)« sowie Verbindungen über das elektronische Netzwerk von Telefon, Telefax, Computer, Fernsehen, der Musiktransfer und die Intensivierung des Kulturkontaktes mit anderen Medien bewirken zwar **äußerlich gesehen eine Annäherung** und einen Austausch der Kulturen. Bekanntlich hat sich in vielen Bereichen auch eine beabsichtigte oder beklagenswerte Uniformität ergeben wie z. B. in der Beton- und Glasarchitektur vieler moderner Städte. Doch in vielen anderen Kulturbereichen ergibt sich aus der Verbindung neuer Ideen und Materialien mit den lokal gewachsenen alten Ideen und Verhaltensweisen wiederum ein unverwechselbares neues Bild. Mit der Übertragung von Kulturelementen erfolgt in der Regel keine einfache Übernahme, sondern bei der Einfügung in die Empfängerkultur erfolgt fast

Indianerkrippe *des Jesuitenpaters Jean de Brébeuf. Darstellung der ersten Krippe in einem Wigwam der Huronen im Gebiet der Großen Seen, Kanada, von Stanley F. Turner (aus: Jesous Ahatcnhia – a Canadian Christmas Carol, by Father Jean de Brébeuf. Ontario 1967). Bildunterschrift: »Inmitten eines zerbrochenen Rindenstammes fand man das zarte Baby«.*

immer ein **Funktionswandel,** oder sogar eine äußerliche Veränderung in Anpassung an die Bedingungen und Bedürfnisse der neuen Kultur. Dieser Gedanke ließe sich anhand vieler Beispiele belegen. Ich möchte mich hier auf die Erscheinungsformen der weltweit verbreiteten Krippenformen beschränken, die trotz ihrer grundlegenden ideellen Gemeinsamkeit regional sehr unterschiedlich ausfallen.

Grundsätzlich lassen sich selbst für den oberflächlichen Beobachter auf den ersten Blick europäische, afrikanische, asiatische und lateinamerikanische Krippen voneinander unterscheiden. Doch bereits im Ursprungsgebiet der Weihnachtskrippen, in Europa, haben die unterschiedlichen Landschaftsbilder und die kulturelle Vielfalt der Völker Europas zu typischen, lokalen regionalen und nationalen Sonderentwicklungen geführt. **Die Krippen sind Ausdruck lokaler und regionaler Identitätsbestrebungen.** Die Hersteller und Beschauer möchten sich mit »ihrer Krippe« identifizieren oder – mit den Augen religiös empfindender Menschen – über das Medium »ihrer Krippe« unmittelbaren Zugang zur »Frohen Botschaft« erhalten.

In den vergangenen 100 Jahren sind die individuell geprägten Künstlerkrippen hinzugekommen, die sich scheinbar an gewachsene Traditionen nicht mehr anlehnen. Dennoch sind die Ausdrucksmittel, die europäische Künstler verwenden, unverwechselbar anders als die ihrer afrikanischen, asiatischen oder lateinamerikanischen Kollegen.

Zu den unterschiedlichen Stilrichtungen kommt häufig auch eine **unterschiedliche Materialauswahl** für die Herstellung der Krippen. Selbstverständlich werden die regional vorherrschenden und bereits vertrauten Materialien bevorzugt. Das am weitesten verbreitete Material für die Krippenfiguren ist zweifellos Ton oder Lehm.

Variationen ergeben sich aus der Art des Brandes, der Oberflächenbehandlung, des Dekors und der Glasur.

An zweiter Stelle kommt Holz, das es freilich bereits in vielen Varianten und Härtegraden gibt. In Europa sind weiches Lindenholz neben Pappel und Ahorn beliebte Werkstoffe, im Alpenraum Zirbelkiefer und Zirbelholz, an Harthölzern Eiche und Buche. In Afrika ist es das harte Ebenholz neben Palisander, Teak und Dornenholz (Nigeria). Variationen bieten Kork im westlichen Mittelmeergebiet und Bambus in Südostasien, Kalebasse in Südamerika und Glas in den alten Glasmacherzentren.

Als **Beispiele lokaler, regionaler oder nationaler Sonderentwicklungen** nenne ich zum besseren Verständnis dieses Gedankengangs einige besonders markante Krippentypen, die im Kapitel »Krippen der Sammlung Maud Pohlmeyer« unten näher vorgestellt werden. Den vielfältigen

Foto 13: Holzspankrippe aus der Schweiz; Köpfe der Figuren aus Eicheln; Erna Mattmüller, Basel 1981

Foto 14: Muranoglas-Krippe: aus dem Glasbläserort Murano bei Venedig, 1982

Sprachen und Dialekten vergleichbar haben sich typische lokale und regionale Krippenstile entwickelt, die ich durch folgende Beispiele verkörpert sehe:
in EUROPA:
die Krakauer Krippe in Kirchenform (szopka, s. Tafel VI),
die Goralenkrippe aus der Hohen Tatra/Polen (s. Titelbild),
die Scherenschnittkrippe aus Polen,
die neu entwickelte finnische Holzspankrippe (s. Tafel II),
die Maisstrohkrippe aus der Tschechoslowakei (s. Foto 1),
den Adventsengel mit Krippen-Klappalter aus Berchtesgaden,
die Holzkrippen aus Oberammergau (s. Foto 10),
die Zinnkrippen aus Süddeutschland (s. Foto 11),
die Weihnachtspyramide aus dem Erzgebirge,
die »Heidekrippe« aus der Lüneburger Heide
die »Hummel-Krippe«
die »Hessenkrippe«
die Blockkrippe aus dem Grödnertal/Südtirol (s. Tafel VII)
die neapolitanische Terracottakrippe (s. Tafel VI)
die Santons aus Südfrankreich
die Tonkrippe aus Barcelona
die tönerne bunte Blockkrippe aus Tenerifa (s. Tafel XII)
die Blockkrippe aus Estremoz/Portugal (s. Foto 15).
Aus AFRIKA sind zu nennen:
die koptischen weihnachtlichen Ikonendarstellungen (s. Tafel IX)
die Makondekrippen aus Tansania (s. Fotos 19, 19a) oder
die Zedernholzkrippe aus Kenia
die Dornholzkrippe der Yoruba/Nigeria (s. Foto 22) oder
die Gelbgußkrippe aus Burkina-Faso (s. Foto 25),
in LATEINAMERIKA:
die Strohkrippen aus Mexico und Ecuador
die mexikanischen Lebensbaumkrippen (s. Foto 27)
das Triptychon aus El Salvador (s. Foto 28)
die Tonpfeifenkrippe aus Perú (s. Foto 30)
Krippenberg- und -höhle aus Quinua/Ayacucho, Perú
die Krippenfiguren der Familie Mendivil in Cusco/Perú (s. Tafel XI)
der bunte Wandbehang aus Chile
in ASIEN:
die Bambuskrippe aus Taiwan (s. Foto 37)
die Darstellungsformen der Madonna mit Kind in Japan, China oder Indien (s. Fotos 39, 40, 41, 43, 44).

Foto 15: Altar-Krippe aus Estremoz, Portugal; Tonkrippe mit beweglichen Figuren in Altarform; möglicherweise Vorbild für Krippen in Lateinamerika

Bereits bei der Betrachtung der äußerlichen Stilmerkmale und Ausdrucksmittel werden die großen Unterschiede und die typischen Regionalismen deutlich. Typisch für europäische Krippen sind z. B. naturalistische Tendenzen, für afrikanische Krippen ein Ausdruck von Ernst und Ergriffenheit, für lateinamerikanische Krippen eine bunte Fröhlichkeit, für fernöstlich-asiatische Krippen die Stilisierung und Beschränkung auf das Wesentliche.

Es fehlt hier der Raum, diese völkerpsychologisch vergleichende Untersuchung zu vertiefen. Eine derartige Untersuchung müßte nach Möglichkeit auch die von den Lokalkulturen geprägten unterschiedlichen religiösen Empfindungen und Absichten bei der Herstellung und Betrachtung von Weihnachtskrippen einbeziehen.

Die vergleichende Krippenbetrachtung macht eines jedoch deutlich: Das gleiche Ausgangsthema – die »Frohe Botschaft« – führt weltweit nicht zu den gleichen Ergebnissen. Dieses Ergebnis vermittelt uns gleichzeitig eine weitere »frohe Botschaft«: Es wird voraussichtlich auch künftig keine weltweite Einheitskultur geben, sondern eine Vielzahl unterschiedlicher Kulturen wird nebeneinander bestehen bleiben. Diese Erkenntnis ist ermutigend, bildet sie doch die Basis für originelle, kulturell unterschiedliche Lösungsmöglichkeiten der Tages- und Weltprobleme, für den kulturellen Austausch und für individuelle Kreativität.

Funktionen der Krippe – eine wechselvolle Geschichte

Die Funktionen der Krippe, d. h. ihre von ihren Schöpfern oder Auftraggebern zugedachte Zweckbestimmung und ihre Rolle als Medium haben sich in Zeit und Raum ständig gewandelt. Und so tun sie es noch heute.

Aus dem 17. und 18. Jh. kennen wir Äußerungen, die den Krippenraum als **Ort der Andacht und Hingabe** bezeichnen. Jesuiten in Böhmen benutzen die Krippe als Hintergrundsbild für **Kinderlehre** und den mündlichen Religionsunterricht. In den Missionsgebieten Südamerikas und Asiens setzen sie die Krippe mit Erfolg als **Mittel zur Missionierung, zur Taufe, Bekehrung und Belehrung** ein.

Im 19. Jahrhundert galt die Krippe als **»Anschauungsmittel der heiligen Geburtsnacht für die Kleinen und die Großen.«** Sie lehre Demut und

Selbstlosigkeit, Ergebung und Geduld, Selbstüberwindung und Entsagung. Über den im 19. Jh. gegründeten **Kind-Jesu-Verein** wurden Andachtsübungen und Spendenaktionen vor der Krippe organisiert. 1877 warb man für den Freikauf von Negersklaven, indem vor der Krippe deklamiert werden sollte:

»Mit Beten und dem Scherflein dein
Errettest du manch Kindelein.
So kannst auch du Apostel sein,
Bist Seelenretter, Kindlein mein.« (nach Walz 1988: 57)

Ein beliebtes Requisit für die Spendensammlung an der Krippe war ein Opferstock mit der darauf sitzenden Figur eines »Negerjungen«, später auch einer »Negerfrau« mit Säugling auf dem Schoß oder zwei sich gegenüber stehenden Kindern – einem farbigen und einem weißen. Bei Geldeinwurf nickte die Gestalt zum Dank. Diese sogenannten **Nicknegerchen** wurden (nach Walz 1988: 57) noch in den 50er Jahren von der Vereinszentrale des Kindheit-Jesu-Vereins in Aachen ausgeliefert.

Eine Notiz aus der Süddeutschen Zeitung vom 13. 9. 1990, auf die mich freundlicherweise Werner Endres aufmerksam machte, schildert die Zählebigkeit der »Nickneger« bis in unsere Tage. So heißt es in diesem Artikel von Peter Reindl:

»Immer wieder werden Überlebende entdeckt. Es ist halt gar zu schön, wenn die fallende Münze automatisch den Dankmechanismus auslöst. Vor allem in ländlichen Kirchengemeinden hat der ›Nickneger‹ ein Biotop gefunden, in dem er sich allen Nachstellungen entzieht. Was dem einen ein Greuel ist, schätzt der andere als liebenswerte Nostalgie . . .«

Einer der »Nickneger«, so Reindl, lockte sogar mit dem erbaulichen Verslein:

»Ich war ein armer Heidensohn
nun kenn ich meinen Heiland schon
und bitte darum jedermann:
Nehmt euch der armen Heiden an.«

Bis vor Kurzem noch tat in Wermsbach bei Ansbach ein Missionsneger seinen Dienst, bis ihn der neue Pfarrer in den Ruhestand schickte. Der Grundsatz »Wir Weißen geben, und die Schwarzen nicken« gelte nicht mehr. Notwendig sei dagegen eine neue Weltwirtschaftsordnung. Doch die Mentalität, Menschen zu Nicknegern zu machen, sei noch lange nicht ausgestorben.

Auch nach der Jahrhundertwende wurde die Krippe als **Erziehungsmittel** eingesetzt. Sie sollte zu Sammelaktionen anregen, die Kinder zu einem Opfer für hungernde Kinder oder die Armen veranlassen – zu

Weihnachten, wenn die Hirten zur Krippe gehen, am Dreikönigstag zugunsten der Mission in aller Welt (Walz 1988: 96).

Um 1910 kam das **Hälmchensammeln** auf. Für jede gute Tat durften die Kinder zur Adventszeit einen Strohhalm oder Wollfaden in den noch leeren Futtertrog der Weihnachtskrippe legen nach dem Motto:

»Seid ihr eifrig und bringt täglich Opfer, wird um Weihnachten die Krippe gefüllt sein ... Das Jesuskind ... ruht ganz weich und warm auf den guten Werken eurer opferfrohen Liebe.« (nach Walz 1988: 97)

Das **Krippenbasteln** als »praktische Gestaltungsaufgabe zur Weckung und Pflege der bildnerischen Kräfte ... zur Überwindung der zersetzenden Wirkungen des mechanisierten Arbeitsprozesses« wurde entdeckt. Bereits 1860 war in Tirol der erste katholische **»Weihnachtskrippe-Gesellschaftsverein«** gegründet worden, der 1909 im **Verein der Krippenfreunde Tirols** aufging. Der erste evangelische Verein entwickelte sich ab 1894 im sächsischen Erzgebirge. Weitere Gründungs- und Gedenkdaten, die für die Verbreitung der Weihnachtskrippe in unserem Jahrhundert von Bedeutung sind:

1916 –	Freunde der Weihnachtskrippe in Salzburg
1917 –	Verein der bayerischen Krippenfreunde
1917 –	organisiert Pfarrer Strauß eine Krippenausstellung in Essen zur Förderung der Krippenarbeit in den Familien
1919 –	der böhmische Verein für Krippenfreunde
1923 –	Verein für Krippenfreunde für Zwittau und Umgebung (Böhmen/Mähren)
1923 –	700-Jahr-Feier zur Erinnerung an die franziskanische Weihnachtsfeier von Greccio im Jahre 1223
1925 –	Landesgemeinschaft der Krippenfreunde in Rheinland und Westfalen unter Beteiligung von Franziskanern
1925/26	Wanderausstellung einer Krippenausstellung im Rheinland (zusammengestellt nach Walz 1988: 84 ff.)

Für das europäische Ausland sind in diesem Zusammenhang folgende Vereinigungen zu nennen:

Asociación de Belenistas de Madrid; Association Française des Amis de la Crèche; Associatione Italiana Amici del Presepio. Die genannten haben sich nach 1960 zur **»Universalis Foederatio Praesepistica«** zusammengeschlossen (Kruhöffer 1981: 8).

1916 betonte die Krippenkünstlerin Lamers-Vordermayer: »Die Krippe war und ist dem Deutschen nicht nur ein Schaustück, sie war ihm unendlich mehr: ein Stimmungsbild, ein himmlisches Märchen, ein Gebet (n. Walz 1988: 56).

Foto 16: Korkkrippe aus Portugal: Korkfiguren in Korkrinden-Schale, Evora/Alentejo

Es wundert nicht, daß nach der nationalsozialistischen Machtergreifung **Krippen zu Trägern der Volksseele** hochstilisiert wurden: Krippen aus »heimatlichen Materialien, aus unserem eigenen Geist, aus unserem eigenen Blut« (nach Walz 1988: 98). Die Krippe könne zerissene Familien wieder zusammenführen. Die katholischen Jungfrauen erhielten durch die Krippe bei Betrachtung des Marienlebens eine »Schule echter, feiner, vornehmer Frauenart«: mütterliche Herzensgüte, Treue, Opferwillen , Selbstlosigkeit, für die Jungfrauen Keuschheit.

Die Arbeit an der Krippe fördere das ideologisch geprägte Rollenverhalten: Jungen arbeiten die Krippe, Stall und Landschaft, die Mädchen schneidern die Gewänder, Jungen basteln die Krippenfiguren, die Mädchen formen die Gesichter usw. Die härteren Arbeiten geben den Jungmännern einen Vorgeschmack auf die Sorgen des Lebens am Beispiel der Figur des Josef: »Ein Mann der Arbeit. Ein Kämpfer wie wir alle . . . Er weiß mir den Sinn des Lebens zu deuten: Kampf, Opfer, ohne Kampf kein Leben.« (Walz 1988: 100 f.)

In der Nachkriegszeit mehrte sich die **Kritik am Weihnachtsfest des Konsums und an der Krippe.** Sie könne unglaublich kitschig, die feiernde Gemeinde unerträglich sentimental sein. Heranwachsende Kinder empfänden den Weihnachtskitsch als völlig unpassend im Vergleich zu den harten Tatsachen der Geburt Christi.

Äußerlich gesehen wird die Krippe zum reinen **Dekorationsobjekt,** das möglicherweise noch zum sozialen Prestige beiträgt. Der Spaß an der eigenen Kreativität wird zum bestimmenden Inhalt für das Krippenbasteln. Seit Mitte der 70er Jahre beginnt sich jedoch ein neues Interesse an Krippen abzuzeichnen. Alljährliche Krippenausstellungen der Krippenvereine, privater und öffentlicher Institutionen tragen zu einem **Ausstellungs- und Krippentourismus** bei. Im Heimathaus Teltge bei Münster wird seit 1969 der Ehrenpreis des Bischofs von Münster für neue Krippenschöpfungen verliehen. 1985/86 besuchten etwa 37 000 Personen diese Ausstellung zur Weihnachtszeit.

Seit 1978 veranstalteten die Krippenfreunde Aachen, ein Zweigverein der Landesgemeinschaft der Krippenfreunde im Rheinland, alljährlich in den Monaten von März bis November eine Großausstellung von Haus- und Kirchenkrippen des In- und Auslandes unter dem Titel KRIPPANA in Monschau-Höfen in der Eifel. Jährlich zählte man bis zu 150 000 Besucher. Seit Ende der 80er Jahre haben die Krippenfreunde von Aachen, Eifel und Ardennen den Standort von »Europas größter und bedeutendster Kirchenkrippenausstellung« nach Losheim/Eifel unmittelbar an die deutsch-belgische Grenze verlegt. Schirmherr ist der Bischof von Lüttich. Im November, rechtzeitig vor Weihnachten, werden diese Krippen wieder an ihre Leihgeber zurückgegeben, um in ihren Heimatkirchen Aufstellung zu finden.

Doch damit ist die Krippe mehr und mehr zum reinen Schauobjekt geworden, losgelöst von der zeitlichen Einbindung in das Weihnachtsgeschehen. Die Veranstalter bemühen sich daher in der Weihnachtszeit, vom 1. Advent bis zum 6. Januar, um zusätzliche weihnachtliche Attraktionen. So heißt es im Werbeprospekt von 1990:

☆ An den Wochenenden Aufführung der »lebenden Krippe«
☆ Krippen- und Baumschmuckwettbewerb
☆ Weihnachtkrippen aus europäischen Ländern
☆ Die große mechanische Krippe aus Genua
☆ Spanische und italienische Krippendarstellungen
☆ Zoo-Krippe
☆ Original ligurisches Dorf mit Wasserfall
☆ Ardenner Advent- und Weihnachtsmarkt

☆ Ikonenausstellung: Weihnachts- und Muttergottesikonen 17.–19. Jhdt.
☆ IKONA: »Kunst auf Eiern«
☆ St. Nikolaus beschert die kleinen Besucher
☆ Für die Kinder: Das Christkind ist anwesend
☆ Sonderpostamt zur Weihnachtszeit.

Tatsächlich stellt diese einzigartige Krippenschau mit den genannten zusätzlichen Attraktionen einen besonderen Anziehungspunkt für Familien mit Kindern und Wochenendausflügler dar. Die Veranstalter versuchen hier, unterstützt von der katholischen Kirche, mit den Mitteln des Großdioramas das Weihnachtsgeschehen in unserer Zeit wieder lebendig werden zu lassen.

In Norddeutschland ist diese Entwicklung noch nicht so weit fortgeschritten. Doch seit Anfang der 80er Jahre häufen sich auch hier die Krippenausstellungen:

1981/1982 die erste Ausstellung »Weihnachtskrippen der Völker« aus der Sammlung Barbara Kruhöffer im Bomann-Museum, Celle

1982 die erste Ausstellung von Weihnachtskrippen im Buxtehuder Zwinger,

1984/85 eine Internationale Krippenschau im Möllner Rathaus,

1986 die erste Ausstellung einer Krippenauswahl der Sammlung Maud Pohlmeyer in einem großen Hamburger Kaufhaus,

1988 die zweite Weihnachtskrippen-Ausstellung im Buxtehuder Zwinger (vgl. Margarete Schindler: Die 2. Ausstellung von Weihnachtskrippen im Buxtehuder Zwinger. Buxtehude 1988),

1989/90 ein Krippenausstellung der Sammlung Ringgut in den Kellergewölben der Michaelis-Kirche in Hamburg und gleichzeitig eine größere Präsentation der Weihnachtskrippen-Sammlung Maud Pohlmeyer im Goslaer Museum.

In erweiterter Form findet die Krippenausstellung der Sammlung Pohlmeyer nun 1990/91 im Hamburger Völkerkundemuseum statt, nachdem dieses Thema 1985 bei der ersten Weihnachtsbrauch-Ausstellung des Museums aus Raummangel ausgeklammert werden mußte (vgl. Vossen 1985).

Weihnachtskrippen der Völker

EUROPA

Deutschland

Zur Entwicklung der Weihnachtskrippen in Deutschland ist in den vorausgehenden Kapiteln bereits viel gesagt worden. Hier möchte ich mich auf wenige Bemerkungen beschränken.

Auffallend ist die Herausbildung unterschiedlicher Krippen-Traditionen selbst innerhalb von Deutschland. Krippenzentren waren und sind vor allem das **Erzgebirge** (vgl. Bachmann 1965, Krauß 1934), **Schlesien** (vgl. Lanz 1981), **Bayern** (vgl. Katalog Bayerisches Nationalmuseum München, 1972, Bogner 1981, Döderlein 1959, Fanderl 1974, Gockerell 1980, Ringler 1930), **Schwaben** (vgl. Lidel 1978, Walzer 1960), **Franken** (vgl. Daxelmüller 1978) und das **Rheinland** (vgl. Karasek-Langer 1967, Schwering/Walz 1984, Walz 1988).

Im protestantisch geprägten Norddeutschland dagegen gibt es keine gewachsene Krippentradition. Lediglich die Werkstatt Sievers-Hahn vermittelt mit ihrer seit 1929 gebauten »Heidekrippe«, die auch in der Sammlung Pohlmeyer (s. unten) vertreten ist, eine idealisierte Vorstellung vom Leben in der Lüneburger Heide (vgl. auch Kruhöffer 1987: 18).

Typisch für das **Erzgebirge** und das benachbarte **Schlesien** sind Stockwerkkrippen, Weihnachtsszepter und -pyramiden (vgl. Lanz 1981: 93 ff.). Das fast allen Schlesiern bekannte »Lähner Szepter« aus dem Kreis Löwenberg ist im Weihnachtbrauch-Buch des Museums farbig abgebildet. Auf der 2. Etage dieses Szepters befindet sich eine holzgeschnitzte Krippe (vgl. Vossen 1986, Farbtafel 3 nach S. 68). Die von erzgebirgischer Bergmannskunst entwickelte Drehpyramide wurde vor über 150 Jahren erfunden. Charakteristisch für das Erzgebirge sind auch die sogenannten Weihnachtsberge der Bergleute, komplizierte mechanische Modelle des Lebens über und unter Tage, die vor allem im Dresdner Volkskundemuseum zu bewundern sind.

In **Bayern** sind vor allem holzgeschnitzte Krippenfiguren in einer Alpenlandschaft verbreitet. Oberammergau und Berchtesgaden sind alte Holzschnitzzentren, wo z. T. noch in barocker Tradition gearbeitet wird. In der Sammlung Pohlmeyer sind verschiedene heutige Arbeiten aus Oberammergau und Berchtesgaden vertreten. Wer sich über die Entwicklung der barocken Krippenbaukunst in Bayern, Tirol und Italien informieren möchte, sollte die große Sammlung des Bayerischen Natio-

Foto 17: Muschelkrippe aus Israel. Die Geburtsszene ist reliefförmig aus dem Perlmutt-Gehäuse der Haliotis-Muschel gearbeitet.

nalmuseums in München besuchen. (Zur Entwicklungsgeschichte vgl. Berliner 1955). Neben den großen Krippenlandschaften gibt es in Bayern eine bis heute nicht abgerissene Tradition der Aufstellung einzelner Christkindfiguren, der »Fatschenkinder«. Diese Tradition geht auf das Kindlwiegen zurück (s. oben). Häufig sind es in Windeln gewickelte oder reich bekleidete Wachsfiguren. Ähnliche Fatschenpuppen aus Wachs findet man auch als Votivgaben in alten Wallfahrtszentren des Alpenraumes.

Da es hier nicht möglich ist, auf die Besonderheiten der Krippenentwicklung in Schwaben, Franken und im Rheinland näher einzugehen, verweise ich auf die oben zitierte Literatur.

Österreich

Auf dem alten Staatsgebiet der ehemaligen oesterreichisch-ungarischen Habsburger Monarchie kann man drei Traditionsgebiete der Krippenkunst unterscheiden:

☆ Tirol (Süd- und Osttirol) mit den beiden Zentren Innsbruck und Brixen

☆ das Erzbistum Salzburg mit dem Salzkammergut und den Nachbarregionen bis in die Gegend von Linz und die Steiermark

☆ das ehemals österreichische Böhmen mit dem Zentrum in Prag.

Weitere Einzelheiten sind der umfangreichen Fachliteratur zu entnehmen (vgl. Ammann/Schneider 1985; Colleselli 1972; Grass 1966; Grass-Cornet 1975; Kastner 1964; Kretzenbacher 1955; Lipp 1964; Rattelmüller 1975; Ringler 1969) – eine knappe Zusammenfassung der Entwicklung dem Krippen-Lexikon von Gerhard Bogner (s. Bogner 1981: 170 ff.).

Tschechoslowakei

Auf die enge Verbindung von Böhmen mit den übrigen Regionen der ehemaligen österreichisch-ungarischen Monarchie und mit dem benachbarten Bayern wurde bereits hingewiesen. Durch die historischen Arbeiten von Karasek-Langer (1964) und Karasek/Lanz (1974) sind wir besonders gut über die Entwicklung der Krippenkunst in Böhmen und Mähren unterrichtet.

Krippe heißt tschechisch »jesle« oder »jeslicky« oder auch »belém« (= Bethlehem). Seit dem 19. Jahrhundert entfaltete sich der Krippenbau unter dem Einfluß der Städte und der alten Textilzentren auf volkstümliche Weise im ganzen Land. Typisch für die volkstümlichen Krippen ist die

»... Umgestaltung von Form und Inhalt des religiösen Ereignisses ins Weltliche und Märchenhafte. In der Krippe widmet man nicht selten mehr Platz den Nebenszenen und Nebenfiguren, insbesondere den Hirten und einfachen Menschen mit ihren Gaben, als dem biblischen Ereignis aus Bethlehem ... So wurde der Krippenbau zu einem der wenigen Zweige der Volkskunst, wo sich ihr Schöpfer uneingeschränkt der Darstellung volkstümlicher Themen und Szenen widmete.« (Helena Johnová, 1967: 4 f.)

Im 19. und 20. Jh. gab es in Böhmen und Mähren tschechische, deutsche und national gemischte Krippenbauergebiete. Es gab fest montierte, landschaftlich groß angelegte und kleine transportable Krippen. Letztere wurden häufig in schreinartigen Kästen in Form eines Klappaltars aufbewahrt. Wie in Polen dienten sie auch den Sternsingern bei ihren Umzügen als Requisit.

Eine besondere Variante bildeten Krippen in Verbindung mit einem **Marionettentheater,** die es zahlreich in Prag und anderen größeren Städten gab. Solche Krippen kombinierte man zu drei übereinander angeordneten Reihen. Die unterste Reihe zeigte die eigentliche Krippenszene und die oberste die Stadt mit ihrer Umgebung, während die mittlere Reihe als Bühne frei gehalten war. Vorbilder für die Figuren bildeten gedruckte Krippenbögen, die Anfang des 19. Jhs. von böhmischen und mährischen Druckereien verbreitet wurden.

Polen

In ähnlicher Tradition wie die transportablen Krippen und die Prager Marionettenkrippen stehen in Polen die Krakauer Spielkrippen – *szopka krakowska.* Szopka bedeutet ursprünglich »Schuppen« oder kleine Hütte. In ihrer einfachsten Form war die *szopka* tatsächlich ein vorn offener Schuppen, dessen Boden Schlitze enthielt, um Stäbchenpuppen einzuschieben. Mit dem Spiel dieser Puppen lebte die alte Tradition der Herodesspiele fort.

Mit polnischen Arbeitskräften in Oberschlesien gelangte die szopka, die dort auch Schopa, Bethlehem, Betlejo oder betlém (Lanz 1981: 90) genannt wurde, in deutschsprachige Gebiete. Aus der Südostecke Oberschlesiens besitzen wir eine Schilderung des Herodesspiels um 1890:

»Eine interessante Sitte unserer Gegend ist der Umgang mit der Schopa. Die ganze Weihnachtszeit sieht man größere Knaben und Jünglinge mit derselben von Dorf zu Dorf, von Haus zu Haus herumziehen ... Während eines mit der Violine begleiteten Liedes, welches kund gibt, daß die Völker und Nationen der Erde ihre Gesandten schicken, dem göttlichen Kinde ihre Huldigung darzubringen, wird der Vorhang hinweg gezogen. Es erscheint der reiche Bojar in pelzverbrämter Tracht, verneigt sich vor der Krippe und tanzt mit seiner Gemahlin dem hl. Kinde zu Ehren seinen Nationaltanz.

Nach der ehrfurchtsvollen Verabschiedung springt der kreuzfidele Madziar mit seinem Bassa remtemtem sporenklirrend herein, verbeugt sich, ruft sein Weib, tanzt, huldigt und empfiehlt sich. So folgen in bunter Reihe, der Gorale mit seinen unvermeidlichen Skirpcach (Bundschuhen), der Czikos, der Moskal, der Schlachcic, der Zigeuner, der Prussak, der Lithauer, selbst ein polnischer Jüd verläuft sich, usw., bis auch ein gekröntes Haupt mit Reichsapfel und Szepter erscheint. Der König singt nicht und tanzt nicht, stolz und erhaben geht er an der Krippe vorbei, diese nicht eines Blickes würdigend. Da fällt den Irdischen der Höllenfürst an. Mit seinen Hörnern, Hufen und Gabeln bearbeitet er ihn, daß Krone und Szepter zu Boden fallen und er um Gnade fleht. Nun erscheint der Tod, der mit scharfem Hiebe seiner Hippe das edle Haupt wegmäht. Eine graue steinalte Hexe räumt mit Harke und Besen die irdischen Überreste in einen abgelegenen Winkel. Zum Schluß erscheint eine Scherzfigur mit Klingelbeutel . . .«

(Emil Olbrich 1899, zitiert nach Lanz 1981: 92)

Bekam dieser »Schuppen« oder Stall zwei oder drei Türme, hatte man die Grundform der heute verbreiteten kirchenfömigen *szopka.* Die Schau in der Krippe hat sich umgekehrt zur Schau des Krippengehäuses. Die Zahl der Türme wächst und man versucht, möglichst erkennbar, viele der Krakauer Kirchtürme nachzubilden, zumindest aber den Turm der Marienkirche. Auf der Spitze des höchsten Turmes ist in der Regel der polnische Adler angebracht. Die Krippe besteht aus Buntpapier und Metallfolie über einem Holzgestell. Sie hat Spielbühnen für weltliche und geistliche Szenen.

Alljährlich Anfang September werden in den restaurierten alten Tuchhallen Krakaus die besten Weihnachtskrippen im Rahmen eines großen Marktes ausgestellt und prämiert. Die in der Krippenausstellung gezeigte große *szopka* wurde 1988 für diesen Markt hergestellt und ist seit 1989 im Museumsbesitz.

Polen zeichnet sich noch durch einen weiteren Reichtum auf dem Gebiet der religiösen Volkskunst aus. Vor allem die ausdrucksstarken Holzskulpturen, die die Rundung des Stammes noch erkennen lassen, zählen zu den eindrucksvollsten Zeugnissen heutiger »naiver« Künstler ohne akademische Ausbildung (vgl. Engels 1979). In der Sammlung Pohlmeyer sind mehrere Krippen dieser Art vertreten (s. Titelfoto und die Fotos 3, 4).

Orthodoxe Kirche

Die Orthodoxe Kirche, eine der ältesten der christlichen Konfessionen, kennt keine Weihnachtskrippe der uns bekannten Art. Lediglich auf Ikonen ist die Geburtsszene dargestellt. Dennoch gibt es im orthodoxen Kultgerät einige Objekte, die an das Weihnachtsgeschehen erinnern:

Auf der linken Seite des Altarraums befindet sich der Opfertisch, auf dem Brot und Wein bereitet werden. Dort stehen Kelch und **Brotschale (Diskos).** Darauf wird das »hl. Lamm« gelegt, ein kubisches Brotstück, das zur Wandlung in Christi Leib bestimmt ist. Es wird einem der fünf gesäuerten Weihbrote (Prosphoren) entnommen, mit denen man in der russischen Kirche das Abendmahl feiert.

»Der Diskos symbolisiert die Krippe, in die Christus nach seiner Geburt gelegt worden ist. *Daher stellt man auch über den Diskos den sog.* ***»Sternbogen«*** *(Asteriskos), der an jenen Stern erinnert, der die Weisen nach Bethlehem geführt hat. Diskos und Kelch werden bei der Eucharistie mit Tüchern bedeckt, die an die* ***Windeln des göttlichen Kindes*** *erinnern, d. h.* ***die gesamte Gabenbereitung ist eine symbolische Vergegenwärtigung des Geburtsgeschehens in Bethlehem.«***
(Erzbischof Paul von Finnland: Unser Glaube. Köln 1983: 9 f.)

Foto 18: Handkreuz aus Äthiopien, versilbert, 30 cm hoch, mit der Geburtsszene; Griff in Form einer Beterfigur

Skandinavien

Auch in Skandinavien gibt es keine alte Krippentradition. Erst im 19. Jahrundert wurden die ersten Krippen aus Deutschland nach Schweden eingeführt (s. Bringéus 1972). Heute haben sie sich dort weitgehend eingebürgert, ebenso in Dänemark, während sie in Finnland noch fast unbekannt sind. Die Skandinavier bevorzugen glatte, stilisierte Figuren, die ihrem Formgefühl am besten entsprechen (s. die dänische Krippe in der Sammlung Pohlmeyer).

England und Irland

Innerhalb der anglikanischen Kirche Englands und der katholischen Kirche Irlands haben sich aus schwer nachvollziehbaren Gründen ebenfalls keine Krippentraditionen entwickelt. Lediglich aus jüngster Zeit sind einige Krippenschöpfungen bekannt geworden, wie auch die Beispiele in der Sammlung Pohlmeyer zeigen.

Frankreich

In Frankreich beschränkt sich die Krippentradition auf die Provence. Diese südfranzösische Landschaft bildet gewissermaßen eine Brücke zwischen den spanisch-katalanischen und den italienischen Krippenlandschaften.

Vorläufer der heute verbreiteten tönernen **Santons** waren im 18. Jh. wahrscheinlich Glasfiguren, die in Glashütten, z. B. in Arles, hergestellt wurden (Berliner 1955:133). Die Figuren wurden in Holzkästen ausgestellt und gehörten damit zum Typus der Kastenkrippen. Einer der frühesten Santons-Künstler, der im Zivilregister als »Figuriste« eingetragen ist, dürfte Louis Lagnel (1764–1822) in Marseille gewesen sein.

Der Begriff »santons« kommt von »santoun« und bedeutet »kleiner Heiliger«. Die Tonfiguren wurden früher nicht gebrannt, sondern nach dem Trocknen mit Wasserfarben bemalt. Später wurden sie in zweischaligen Gipsformen gepreßt, niedrig gebrannt und nach dem Brand bemalt. In der Regel stehen die aus dem bewegten Volksleben gegriffenen Figuren auf einem Sockel. Mit der steigenden Nachfrage entstand ein richtiges Handwerk, das des Santonniers. In dieser Tradition stehen die heute weit über Frankreich hinaus bekannten Figuren der Werkstatt von Marcel Carbonell, die auch in der Sammlung Pohlmeyer vertreten sind. (Näheres s. D'Agnel et Dor 1927; D'Arnaud 1962; Francois, 1972; Ripert 1956)

Spanien

In Spanien konzentrieren sich alte Krippentraditionen vor allem auf die Regionen Barcelona, Murcia und Andalusien. Sie gehen wahrscheinlich auf Weihnachtsspiele zurück. die seit dem 14. Jahrhundert überliefert sind. Seit Anfang des 18. Jhs. sind enge Verbindungen zwischen Süditalien und Südspanien nachzuweisen, die auch die Krippentraditionen entscheidend prägten.

Um 1750 gab Don Jesualdo Riquelme y Fontes in Murcia einen gewissen **Francisco Salzillo** (1717–1783) eine Krippe in Auftrag, die heute zu den bekanntesten in Spanien zählt. Sein Vater Niccola Salzillo stammte aus Capua und war um 1700 über Neapel nach Murcia gekommen. Das Werk Salzillos ist spanisch, während die lebendigen Genreszenen italienisch inspiriert sind. Im Museo Provincial de Bellas Artes von Murcia sind 185 etwa 25–30 cm große Menschenfiguren und 364 Tierfiguren erhalten, die der Werkstatt Salzillos zugeschrieben werden. Sein Schüler Roque López (1744–1811) setzte die Arbeit Salzillos fort (Berliner 1955: 146 ff.). Noch heute gibt es in Murcia etwa 10 Werkstätten, in denen Weihnachtskrippen unterschiedlicher Qualität gearbeitet werden. Das Völkerkundemuseum Hamburg besitzt drei Krippen der Werkstatt Pedro Serrano Moñino aus Murcia, die unterschiedliche Traditionen repräsentieren sowie eine Künstlerkrippe des Bildhauers Manuel Nicolas Almansa.

1734 trat der spanische Prinz Carlos mit 19 Jahren als Karl III. seine 25jährige Regentschaft in Neapel an. Er war mit einer großen italienischen Krippe im Palast Buen Retiro in Madrid aufgewachsen, die Philipp V. 1702 in Neapel zum Geschenk erhalten hatte. Während seiner Regierungszeit in Neapel berief er die bekanntesten Künstler an seinen Hof, um die qualitativ besten Krippenfiguren herstellen zu lassen. Bei seiner Rückkehr nach Spanien soll er einen großen Teil seiner aus 5950 neapolitanischen Figuren bestehenden Krippe nach Madrid mitgenommen haben (Bogner 1981: 177). Im Palacio Real de Madrid sind noch eine größere Zahl künstlerisch wertvoller Krippenfiguren einschließlich der Rechnungen und Verpackungskosten erhalten, die sein Sohn Carlos IV Principe 1787 in Neapel in Auftrag gegeben hatte (Nacimiento napolitano del Príncipe Carlos de Borbón, Madrid 1987).

In **Katalonien** entwickelte sich in der 2. Hälfte des 18. Jhs. eine Hauskrippen-Tradition. Seit 1786 gab es einen Krippenmarkt in Barcelona. Es gab tönerne und auf Karton gemalte Krippenfiguren. Im 19. Jh. kam es zu einer Blüte der Tonkrippenherstellung. Bekannt wurde vor allem der

Kirchenbildhauer Ramón Amadeu (1745–1811) als Krippenbauer. Krippen waren in Bürger- und Handwerkerhäusern allgemein beliebt. Als Schauplatz diente ein Krippenberg mit Geburtsgrotte. Die katalanische Landschaft war mit vielen volkskundlich interessanten Szenen belebt. Daneben gab es große Krippen mit beweglichen Gliederpuppen, die man gegen Eintrittsgeld besichtigen konnte. (Berliner 1955: 147 f.)
Bis heute ist Barcelona ein interessantes Krippenzentrum geblieben. In der Sammlung Pohlmeyer sind einige Beispiele vertreten (s. unten).

Portugal

Über die Frühgeschichte der Krippe in Portugal ist wenig bekannt.
Die Krippe im Jesuitenkolleg von Coimbra aus dem Jahre 1560 gehört zu den ältesten gesicherten Krippenbelegen überhaupt. In Lissabon soll eine Nonne des Dominikanerinnenklosters San Salvador 1624 eine Vision gehabt haben, die zum Bau der ersten Krippe führte. Diese wurde viele Jahre hindurch kunstvoll in der Mitte der Kirche aufgebaut. Von hier aus soll sich die Sitte des Krippenbaus in ganz Portugal ausgebreitet haben.

Die noch erhalten gebliebenen portugiesischen Krippenbeispiele aus dem 18. und 19. Jh. zählen zu den besten Krippen überhaupt. Die wie in Italien und Spanien aufwendig hergestellten Palastkrippen waren Werke bedeutender Künstler. Die meisten Krippenfiguren des 19. Jhs. waren aus Ton.

Neben Lissabon waren Barcelos im Norden der Hauptstadt und Estremoz bei Evora im Alentejo-Gebiet bedeutende Krippenzentren. Dort werden bis heute Krippenschreine (retablos) hergestellt, die in ihrer Ursprünglichkeit und Farbigkeit an lateinamerikanische Krippenaltäre erinnern. Bogner (1918: 179) vermutet, daß tatsächlich eine direkte Linie von Estremos zu den Krippendörfern in Lateinamerika führe. Aus dem Alentejo-Gebiet stammen außerdem Kasten- und Korkkrippen, die wie die Tonschreine auch in der Sammlung Pohlmeyer ihren Platz haben.

Italien

Italien zeichnet sich durch vier regionale Krippenzentren aus:
Rom, Neapel, Sizilien und **Genua.** Über die Anfänge wurde bereits in der historischen Übersicht oben berichtet. Die Entwicklung ging von der Stadt Rom aus, wo der Überlieferung nach in der Hauptkirche S. Maria

Maggiore Reliquien der angeblich originalen Krippe von Bethlehem aufbewahrt wurden.

Um 1500 entstanden in Apulien und Volterra (Abruzzen) zahlreiche aus Stein gefertigte Geburtsdarstellungen. In Genua ist nach 1574 von den ersten Krippen die Rede. Und in Sizilien setzte um 1650 eine erste Blüte der Krippenkunst ein.

Nach Rom, Genua und Palermo kam **Neapel** als letztes Zentrum zur Krippe. Erst um 1720 hatte sich dort die Krippenkunst in Kirchen und Privathäusern allgemein durchgesetzt.

Als »goldenes Zeitalter« der neapolitanischen Krippe gilt der Zeitraum von 1725 bis 1790, als kunstvolle Charakterköpfe aus Ton auf bewegliche Gliederpuppen gesetzt wurden. Vor allem das Kunstverständnis des aus Spanien stammenden Königs Karl III. (s. oben) führte dazu, daß die besten Künstler seiner Zeit zur Herstellung aufwendigster Krippenlandschaften mit Hunderten von Figuren herangezogen wurden. Eine eigene Krippenindustrie lieferte einzelne vorgefertigte oder indivduell hergestellte Teile. Bei besonders umfangreichen **Palastkrippen** zog sich das Ensemble über das Treppenhaus über verschiedene Stockwerke hin. Geladene Besucher durchwanderten die Landschaften unter Musikbegleitung. Die Krippe selbst wurde zum Spiegel des prunkvollen höfischen Lebens auf der einen Seite und des bunten Volkslebens neapolitanischer Prägung auf der anderen. In der Endphase dieser Entwicklung wurden die Krippen auf den Flachdächern der neapolitanischen Paläste aufgebaut, um die natürliche Landschaft als Hintergrund in die Krippenlandschaft einzubeziehen. (Bogner 1981: 138, 161 f.) Auch heute noch werden in Neapel Weihnachtskrippen hergestellt.

MITTELAMERIKA

Es ist unstrittig, daß die Krippenidee von Europa nach Amerika gewandert ist. Der Anteil der spanischen und portugiesischen Jesuiten, die bereits 1549 als Missionare nach Brasilien kamen, wurde bereits weiter oben (s. S. 45) gewürdigt. Noch nicht genügend erforscht ist die Frage, welche Krippentypen nach Amerika gebracht wurden und wie sich der altweltliche Einfluß der späteren Jahrhunderte auf die Krippengestaltungen auswirkte. Oder hat es auch Impulse von der Neuen zurück in die Alte Welt gegeben? Auffällig ist jedenfalls, daß z. B. die in Lateinamerika so beliebten Altarschreine mit Krippenszenen (retablos) in der Alten Welt auch in Portugal und auf den Kanarischen Inseln anzutreffen sind.

Mexico

Mexiko zeichnet sich insbesondere durch **tönerne Lebensbäume** und **Paradiesleuchter** mit Krippenszenen aus. Sie sind mit leuchtenden Farben sehr bunt nach dem Brand (kalt) bemalt. Die Kleinplastiken aus Ton oder auch Gips werden mit Eisendraht zu teilweise sehr großen Gebilden montiert. Ein berühmtes Herstellungszentrum ist Metepec bei Toluca, ein anderes Acatlan bei Mexico City. Lebensbäume mit Engel- und Vogelmotiven stammen aus Izucar de Matamoros. Tönerne Krippenfiguren werden daneben in Puebla und in der Provinz Oaxaca hergestellt. Aus Tzintzuntzan stammen die beliebten Strohgeflechtkrippen und -kreuze. (Vgl. Bogner 1981: 184)
Aus der Sammlung Pohlmeyer zeigen wir verschiedene Beispiele mexikanischer Herkunft (s. unten).

Guatemala

Guatemala ist vor allem wegen seiner farbenprächtigen Textilien und Trachten berühmt geworden. Doch auch die Töpfertraditionen sind sehr vielfältig. In der Sammlung Pohlmeyer ist eine Krippe aus Chinautla mit weiß engobierten Tonfiguren vorhanden.

El Salvador

In El Salvador gibt es verschiedene Töpferzentren, in denen auch Tonkrippen hergestellt werden, z. B. Ilobasco in Cabanas (Kruhöffer 1987:33). Aus der Sammlung Pohlmeyer ist neben einer Keramikkrippe ein Altarschrein (retablo) aus der Provinz Chalatnango vertreten, der mit Ölfarben sehr bunt bemalt ist.

SÜDAMERIKA

Kolumbien und Ecuador

Kolumbien zeichnet sich durch Tonkrippen in volkstümlichem Stil mit Gruppenmotiven aus, die meistens auf einer Grundplatte montiert sind. Bogner (1981: 185) nennt die Töpferin Maruja in Chiquinquira und eine

Keramikkrippe aus Raquira, in der das Christkind in der Krippe mit farbigen Ostereiern verbunden ist.
Aus Ecuador zitiert er das »Brotpuppendorf« Calderon bei Quito, wo Krippenfiguren aus Brotteig mit Gipsbeimischung gefertigt, gebacken und nach dem Brand lackiert werden.

Die Sammlung Pohlmeyer enthält zwei kolumbianische Tonkrippen unbekannter Herkunft. Die Figuren einer Krippe wurden angeblich von Kindern modelliert. Aus Ecuador stammt eine indianische Gipskrippe und eine Weihnachtskrippe aus bunt gefärbtem Toquillastroh aus dem Stohhutzentrum Montechristi.

Perú

Perú zählt zu den Ländern Lateinamerikas mit der reichsten Weihnachtskrippentradition. Neben Krippen in alter indianischer Technik und Stiltradition (s. unten) gibt es kunstgewerbliche Arbeiten, unter denen die Krippenfiguren der Familie Mendivil einen besonderen Platz einnehmen.

1976 starb in Cusco, der alten Incahauptstadt im Hochland von Perú, der wegen seiner Krippenfiguren weltberühmt gewordene **Hilario Mendivil.** Gewissermaßen sein Markenzeichen waren frei geformte, elegante Figuren mit überlangen Hälsen und aufgesetzten flammenförmigen Federhüten im spanischen Kolonialstil. Dem besonderen Ereignis angemessen sollten die Figuren der heiligen Nacht aus den übrigen Menschenfiguren »herausragen«. Mendivil verwendete eine angeblich nach alten Inkarezepten gemischte Masse aus Mehl, Ton und Gips für seine auf Bodenbrettchen stehenden vollplastischen Figuren in höfischer Kleidung. Er malte mit dunklen Lackfarben und aufgesetztem Dekor in Gold oder anderen Farbtupfern. Nach seinem Tod stagnierte zunächst die Produktion, doch haben seine Familienmitglieder die Tradition ihres Vaters in den letzten Jahren fortgesetzt. In der Sammlung Pohlmeyer sind einige Beispiele sowohl aus der Produktion des Vaters als auch von Familienmitgliedern nach dessen Tod vertreten.

Ebenfalls aus dem südlichen Andenhochland, aus **Ayacucho,** stammen die kleinen und großen Altarschreine (retablos) mit sehr bunt bemalten Figuren aus einer Gips-Lehm-Mischung. Sie zeigen neben den religösen Ereignissen vor allem Szenen aus dem täglichen Leben und von Festen der Indios.

Ein weiteres berühmtes Zentrum der Krippentradition ist **Quinua** bei

Ayacucho. Hier werden neben Gebrauchskeramik Tonkrippen in Kirchen- oder Palastbauten modelliert, die mit Erdfarben bemalt sind. Die Sammlung Pohlmeyer enthält Beispiele von diesen und noch von weiteren Zentren (s. unten).

Bolivien, Chile, Argentinien, Uruguay und Brasilien

In den Nachbarländern Bolivien, Chile, Brasilien, Uruguay und Argentinien ist der Krippenbau nicht so stark verbreitet. Maud Pohlmeyer verfügt jedoch über eine Tonkrippe der Diaguita-Indianer aus dem Norden Chiles, über eine kupferne Krippe aus Santiago und eine »Arpillera«, eine Applikationsarbeit aus Stoff, die das chilenische Volk vor Jesus in der Krippe zeigt. Aus Argentinien kommt eine glasierte Tonkrippe mit den Region typischen Lamas und Gürteltieren, während Ochs und Esel fehlen. Uruguay ist mit einer Krippe in einer Kalebasse und Brasilien mit einer Blockkrippe in rotem Ton vertreten.

AFRIKA

Die Geschichte der Weihnachtskrippe in Afrika muß noch geschrieben werden. Es gibt bisher allenfalls Bruchstücke von Informationen, die noch kein zusammenhängendes Bild ergeben. Gerhard Bogner gibt im Anhang seines Krippenlexikons einige ältere Literaturhinweise, die jedoch sicherlich nicht erschöpfend sind (Carrol 1967; Italiander 1957; Lehmann 1955, 1966; Mount 1973; Hasselbladt 1976).

Ägypten und Äthiopien

Aus Ägypten sind katholische und koptische Krippen bekannt, aus Äthiopien ausschließlich koptische Krippendarstellungen. Die Kopten Nordostafrikas bilden eine der ältesten christlichen Kirchen. Ebenso wie in den alten orthodoxen Kirchen Rußlands und Griechenlands gibt es in der koptischen Kirche keine plastischen Krippendarstellungen. Dagegen sind dort Ikonenmalereien mit weihnachtlichen Motiven auf Pergament, Leder, Holz und Baumwolle verbreitet. Die plastischen Krippendarstellungen in Ägypten gehen z. T. auf Einflüsse der Jesuiten zurück, wie ein Beispiel der Sammlung Pohlmeyer (s. Tafel VIII) zeigt.

Foto 19: Engel mit großen Flügeln von einer Makondekrippe aus Tansania; Ebenholzschnitzerei, Tansania

Foto 20: Lebensbaumkrippe aus Tansania. Ebenholzschnitzerei: Maria und Josef als Stützen des Lebensbaums. 50 cm groß

Ostafrika

Die Sammlung Pohlmeyer umfaßt ostafrikanische Krippen aus **Kenia, Tansania** und **Rwanda-Burundi.** Beeindruckend sind vor allem die **Makonde**-Schnitzarbeiten, rundplastische in sich ruhende afrikanische

Figuren aus schwarzem, poliertem Ebenholz. Bei den Krippen aus **Kenia** zeigt sich in überzeugender Weise, wie das Weihnachtsgeschehen nach Afrika verlegt wird: Abgesehen von den afrikanischen Tierfiguren Elefant, Nilpferd, Büffel oder Warzenschwein zeigen sich die Figuren der **Akamba-**Krippe in typisch afrikanischen Haltungen und Tätigkeiten. Aus Kenia stammt auch eine Batikarbeit, die auf indische Einflüsse hinweist.

Westafrika

Westafrika ist mit Beispielen aus **Burkina-Faso** (Obervolta), **Togo** und **Nigeria** vertreten. Eine Gelbgußkrippe aus Burkina-Faso steht in der alten westafrikanischen Tradition des Gußverfahrens in verlorener Form (à cire perdue). In dieser Art wurden auch die Goldgewichte der Ashanti in Ghana hergestellt.

Aus **Nigeria** überrascht eine variationsreiche Dornholz-Schnitzarbeit der **Yoruba** mit Szenen aus dem täglichen Leben.
Dornenholzschnitzereien sind seit den 30er Jahren im Yoruba-Land bekannt. Die Schnitzer lehnen sich stark an Vorbilder der Maskenschnitzerei (z. B. Gestaltung der Augenpartie) und an Bronzeguß-Figuren dieser Region an. Zielgruppe waren und sind Europäer und gebildete Yoruba-Sprecher (nach Angaben von Wulf Lohse, Hamburg).
Aus **Togo** stammen eine Holz- und eine Tonkrippe.

ASIEN

Vorderasien

Das heilige Land ist in der Sammlung Pohlmeyer mit Krippen aus Olivenholz und aus Perlmutt repräsentiert. Während die Olivenholzkrippen durch die Maserung des harten Holzes lebendig wirken, vermitteln die Perlmuttkrippen aus dem Gehäuse einer Haliotis-Muschel oder einer Meerohr-Muschel den Eindruck von Kostbarkeit. Sie sollen aus den Werkstätten von Franziskaner-Mönchen stammen (Kruhöffer 1987: 45).

Süd- und Ostasien

Indien, Sri Lanka, Bangladesch

Die ersten Christen kamen schon im 2. Jh. nach Indien. Im heutigen Kerala, an der Südspitze Indiens, fanden sie ihre neue Heimat. Noch heute ist die Liturgie dort syrisch geprägt. Erst mit dem Beginn des 15. Jhs. setzte eine neue Missionierungswelle ein. Anfängliche Versuche, christliche mit indischen Elementen zu verbinden, scheiterten zunächst. Erst in diesem Jahrhundert haben Künstler den christlichen Glauben und die indische Kunst in engere Beziehung gebracht. (Missio Kunstkalender 1991)

Die Sammlung Pohlmeyer enthält eine europäisch inspirierte Gipskrippe aus Süd-Indien und eine indisch geprägte »Blattkrippe«, eine Muttergottesdarstellung auf einem Blatt des Bodhi-Baumes, unter dem Buddha seine Erleuchtung erlebt haben soll. Ferner sind Batikarbeiten aus Sri Lanka und Indien vertreten, wobei die Heiligenscheine an die Formen einer Lotosblüte erinnern. Das typische Anbauprodukt Jute in Bangladesch findet sich in einer Jute-Krippe wieder.

Ostasien

Krippen aus **China, Taiwan** oder **Japan** sind selten. In der Sammlung Pohlmeyer sind auch nur wenige Beispiele vertreten. Die taiwanesische Bambuskrippe (s. Foto 36) wurde wahrscheinlich in der Bambuswerkstatt in Potzu Chiayi hergestellt. Nach Kruhöffer (1987: 47) wurde diese von einem katholischen Missionar gegründet, um dringend benötigte Arbeitsplätze zu schaffen.

Eine **chinesische** Scherenschnittkrippe zeigt in der Darstellung der heiligen Familie typisch chinesische Züge, ebenso ein farbiger Druck, auf dem Gabenbringer Maria und dem Kind Rosenkränze überreichen (s. Fotos 38 und 39). Aus **Japan** stammt eine typisch japanische Postkartenserie, die eine japanisch aussehende Maria mit dem Kind in verschiedenen Demutshaltungen oder als Spaziergängerin in einem Bambushain zeigt (s. Foto 40).

Die Übersicht wird abgeschlossen mit zwei Krippen von den **Philippinen.** Die eine besteht aus großen Holzfiguren, die andere aus plastischen Figuren, die mit farbigem Reispapier bekleidet sind (s. Foto 41).

Krippen der Sammlung Maud Pohlmeyer

Aus einem Bestand von ca. 250 Krippen der Sammlung Maud Pohlmeyer präsentieren wir hier eine Auswahl. Diese Auswahl vermittelt gleichzeitig einen Überblick der Ausstellung **»Höhle, Stall, Palast – Weihnachtskrippen der Völker«** im Völkerkundemuseum Hamburg. Die Reihenfolge dieser Präsentation orientiert sich an einem räumlich bedingten **Rundgang** durch die Ausstellung, der in Nordeuropa mit skandinavischen Krippen beginnt. Weitere Einzelheiten über die Hintergründe und Besonderheiten der Krippenentwicklung in den einzelnen Ländern sind den vorausgehenden Kapiteln zu entnehmen.

NORDEUROPA

Zur Unterstreichung der aktuellen Entwicklung beginnen wir in der Ausstellung mit Skandinavien, wo sich erst im 19. Jh. aus deutsch inspirierten Anfängen eine Krippentradition entwickelte (vgl. Bringéus 1972). In Finnland ist die Krippe auch heute noch nahezu unbekannt. Dennoch bringen wir ein erstes Beispiel in finnischer Handwerkstradition. Der Anstoß zur Herstellung dieser Krippe ging von Frau Pohlmeyer aus.

Kiefernspan-Krippe finnischer Art

29 Figuren, 15 fliegende Engel, 8 Bäume, Brett mit Stall und Stangenzelt (Kota) der Lappen (Saami), einem Lappenpaar in Tracht und Rentieren (s. Farbtafel 2). Unter den Schafen ein schwarzes Schaf, das Judas darstellen soll. Die Krippe wurde 1987 von der finnisch-karelischen Künstlerin Auli Koski-Steffen (Gifhorn) in finnischem Stil auf Bitten von Frau Pohlmeyer für die Ausstellung hergestellt.

Im Hintergrund der Krippe ein finnisches **Thomaskreuz,** das mit gekreuselten Holzspänen dekoriert ist.

Gedrechselte Holzkrippe aus Dänemark

17 Figuren (heilige Familie, 2 Gabenbringer, 3 Könige, 4 Pferde, 4 Schafe, 1 Hahn, Flucht nach Ägypten und 9 fliegende Engel, 1 Engelleuchter, 1 Vogelleuchter), Holzstall mit Giebeldach; 1980 von Peer

Hoeyholm gedrechselt und bunt bemalt; Figuren ca. 8 cm hoch (vgl. Farbfoto S. 149 in Weinhold/Suchland 1978; s. auch Schwarzweißfoto in Kruhöffer 1987: 23).

Im Hintergrund ein Bildertuch in alter Dalarna-Tradition aus **Mittel-Schweden:** In einer Burg erwartet eine Königsfamilie mit Kind (die hl. Familie) die zu Pferde heranreitenden Hl. drei Könige. Siebdruck, Stockholm.

OSTEUROPA

Maisstrohkrippe aus der Tschechoslowakei

36 Figuren aus gebleichten Hüllblättern von Maiskolben.
Zu einer vollständigen Krippe sollen nach Kruhöffer (1987: 26, s. auch Foto 1) insgesamt 365 Figuren gehören – für jeden Tag des Jahres eine.

Keramikkrippe aus der Tschechoslowakei

Heilige Familie, Ochs und Esel, Knabe, Hund, Mädchen mit Gabenkorb; gearbeitet von Jelinková 1981

Krippenersatz der Orthodoxen Kirche

Da es im Gebiet der orthodoxen Kirche keine Krippentradition gibt, könnte hier auf die Einbeziehung dieser ältesten der christlichen Kirchen verzichtet werden. Doch hat uns Bischof Longin (Düsseldorf) freundlicherweise einige orthodoxe Kultugeräte zur Verfügung festellt, die an das Weihnachtsgeschehen erinnern:

Die Brotschale (Diskos) symbolisiert die Krippe. Darüber wölbt sich der Sternbogen (Asteriskos), der an den Stern von Bethlehem erinnert. Diskos und Kelch werden mit Tüchern bedeckt, die die Windeln des göttlichen Kindes darstellen. Somit ist die gesamte Gabenbereitung eine Vergegenwärtigung des Geburtsgeschehens.

Weihnachtsstube in der Ukraine

Weihnachtskrippen traditioneller Art sind auch bei der unierten Kirche der Ukraine nicht bekannt. In der Sammlung Pohlmeyer befindet sich jedoch eine Art Weihnachtsstube mit der Ikonenecke, dem Stubenofen und dem Weihnachtstisch mit dem traditionellen Strohlager darunter.

Ukrainische Porzellankrippe
aus weißem Porzellan, rot und gold bemalt; hergestellt von ukrainischen Emigranten in Philadelphia, USA

Pappmaché-Krippe aus Ungarn
17 Krippenfiguren mit einer Szene aus der ungarischen Puszta: magyarische Hirten am Ziehbrunnen (s. Foto 2); hergestellt von Gräfin Eva Wass v. Czega, 1982

»Zigeuneraltar« aus Ungarn
bestehend aus drei Eiern mit Krippendarstellung und Hirten;
Szenen mit Bleistreifen auf ein Hühnerei genagelt in der Tradition ungarischer Roma-Zigeuner, hergestellt von Keszericze Károly, Kaposvár, 1989

Scherenschnitt-Krippe aus Polen
mit Darstellung der Sternsinger, die mit einer Tragekrippe von Haus zu Haus ziehen, Weihnachtslieder singen und Gaben sammeln; geschnitten von Maria Bizozowska-Koseriska, Lowicz, um 1985

Goralenkrippe aus Zakopane, Hohe Tatra, Polen
13 Figuren von ca. 19 cm Höhe: Hl. Familie, Ochs und Esel, 3 Könige, 2 Schafe, 1 Hirte, 2 Bauern. Die Figuren haben alle geschlossene Augen. Der Schnitzer, Claudius Angerman, sagte im Oktober 1982 zur Zeit des Ausnahmezustandes in Polen: »Zur Zeit haben wir keinen Grund, die Augen zu erheben. Ich kann es nicht anderes darstellen.« (s. Titelfoto)

Szopka-Krippe aus Krakau, Polen
Große Tragekrippe aus einem leichten Holzgerüst, mit Pappe und farbigem Staniolpapier beklebt, in Form eines Kirchenbaus mit den Türmen der Krakauer Marienkirche und der goldenen Kuppel der Wawel-Kathedrale. Die Kuppel ist mit dem goldenen Adler, dem polnischen Wappentier, gekrönt. Ausmaße: Höhe bis zum Adler:
1 m; Breite 0,60 m; Tiefe: 0,30 m; S. Farbtafel VI
Ursprünglich trugen die Sternsinger kleinere Krippen (szopki = Schup-

pen) dieser Art von Haus zu Haus, um mit Stabpuppen die Weihnachtsgeschichte zu singen oder zu spielen (vgl. dazu die Beschreibung unter Polen, s. S. 61).

Hochrelief-Krippe aus Polen
Heilige Familie mit Ochs und Esel aus einem Holzblock herausgearbeitet; hergestellt von Helena Gombos, 1986 (40 x 50 cm)

»Szopka« – naive Holzschnitzerei aus Polen
7 Figuren, ca. 30 cm hoch: Heilige Familie, Engel, drei Könige; bunt bemalt; geschnitzt von Slonina Zdzislaw, 1986

Birkenstamm-Krippe aus Polen
13 Figuren (Hl. Familie, 1 weibl. Figur, 5 Musikanten, 8 Bäume, 1 Haus) von 20 bis 25 cm Höhe sind so aus einem Birkenstamm geschnitzt, daß die stehengelassene Birkenrinde die »Kleidung« verkörpert (s. Foto 3); 1986 in Wadowice, Polen, dem Geburtsort von Papst Johannes Paul, geschnitzt

Die Weihnachtsgeschichte aus Polen
Laubsägearbeit aus Sperrholz, mit Buntpapier hinterklebt. Dargestellt ist die Weihnachtsgeschichte von der Verkündigung bis zu den heiligen drei Königen.

Flucht nach Ägypten
Holzskulptur des Bildhauers E. Zegadlo; Suchedniow/Kielce, Polen, um 1980 (Farbfoto s. Titelbild von R. Vossen: Weihnachtsbräuche in aller Welt. Hamburg 2. Aufl. 1985)

Kruzifix
Blockkruzifix: Christus, Maria und Johannes (s. Foto 4); von K. Odój, 1958, geschnitzt

WESTEUROPA

Gipskrippe aus Holland
18 Figuren von ca. 16 cm Größe aus weißem Gips in Modeln gegossen; unbemalt: Heilige Familie, 1 Engel mit Harfe, 1 Schaf, Hirten und Könige.

Wie die folgende bunt bemalte **holländische Kunststoffkrippe** hatten diese Krippen wegen der Billigkeit des Werkstoffs und des Herstellungsverfahrens eine weite Verbreitung.

Kunststeinkrippe aus Belgien
Die Heilige Familie: Stein in Südfrankreich gebrochen, gemahlen und mit Bindemittel vermengt; verarbeitet in Brüssel

Kreuz und Madonna mit dem Kind aus Brüsseler Spitze
Manufacture Belge des Dentelles. Galerie Royale St. Hubert, Bruxelles

Steinzeugkrippe aus England
Gefäßkeramik mit figürlicher Applikation: Heilige Familie, 3 Könige, 2 Hirten; zwischen 22 und 16 cm; Figuren gedreht nach dem Vorbild englischer Grabplatten (brass rubbings), von James Furniss (s. Foto 5)

Farbige Holzkrippe aus Irland
13 Figuren von ca. 18 cm Höhe, puzzleartig aus verschiedenfarbigem Holz zusammengesetzt (deutet auf den früheren Holzmangel in Irland hin).
Im Hintergrund das für Irland typische **Strohkreuz der Hl.Brigit.**

Torfkrippe aus Irland
Blockkrippe aus Torf mit der heiligen Familie. Torf ist auf Irland weit verbreitet; bildete früher das wichtigste Brennmaterial.
Kruzifix mit dem Schädel Adams und Leiter sowie den Leidenswerkzeugen Lanze, Hammer und Zange, Hahn und Kessel für den Essigschwamm; Höhe 23 cm (s. Foto 6)

Santons aus der Provence, Frankreich
Rund 20 bunt bemalte Tonfiguren von ca. 8 cm Größe mit Stall;
Die Figuren zeigen Szenen des ländlichen Lebens in Südfrankreich.
Werkstatt von Marcel Carbonell, Marseille 1981.

Gabenbringer aus Südfrankreich
5 Figuren von 25 cm Höhe, mit Stoff bekleidet; Gesichter aus Terracotta von H. Cavasse, Aix-en-Provence; Gabenbringer aus dem täglichen Leben: Angler (pécheur), guter Hirte (berger agneau),
Hirte im Mantel (berger manteau), Knoblauch-Trägerin (porteuse d'ail), Holzträgerin (porteuse de bois) (s. Foto 7)

DEUTSCHSPRACHIGES GEBIET

Stern-Kindl aus Österreich
Weihnachtsstern mit dem »noch nicht geborenen Jesuskind« (s. Foto 8); von Josef Schögl aus Traunstein

Stoffkrippe aus Ostpreussen
Heilige Familie, Frau mit Kindern als Gabenbringer; Stoffiguren, bekleidet, ca. 15 cm groß

Christbaum-Schmuck aus Schlesien
20 Laubsägearbeiten mit weihnachtlichen Motiven von Frau von Boltenstern, 50er Jahre. (s. Foto 9)

Holzschnitzarbeit aus Schlesien
Krippe mit Hl. Familie, Esel und Bauernpaar in Grobschnitzerei von M. Sotta; Hirschberger Schule; Figuren 10 cm hoch, gehören zum »schlesischen Szepter« oder »Lichtszepter« (vgl. Farbtafel nach S. 68 in Vossen 1985)

Transparent mit schlesischen Motiven
Scherenschnitt nach einem schlesischen Original von Irmingard Aust,

1973; geschnitten von K. Schierle mit folgenden Szenen: Weihnachtskrippe vor dem Riesengebirge, Schneekoppe, Schneegruben-Baude (Hütte), Reifträger-Baude (Hütte)

Adventsengel mit Klappaltar aus Berchtesgaden
Bunt bemalte Holzarbeit.Der Engel hält vier Adventskerzen.
In der aufklappbaren Bauchzone trägt er eine Krippe, Holzschnitzerei.

Grobschnitzerei aus Berchtesgaden
8 bemalte Figuren: Heilige Familie, Ochs und Esel, 2 Schafe, 1 Hirte

Feinschnitzerei aus Oberammergau
Gruppe von 5 Hirten, 1 Verkündigungsengel und Holzstoß (s. Foto 10); Holzschnitzarbeit von Heini Zwink, Oberammergau 1987

Holzkrippe aus Oberammergau mit bekleideten Figuren
Maria mit dem Verkündigungsengel und dem heiligen Geist in Blattgold- und Silber-Strahlenkranz (s. Tafel I); Schnitzer Hans Klucker; Kleider genäht von Tochter Juliane Pfaffenzeller, 1987

Flucht nach Ägypten aus Oberammergau
Maria mit Kind auf dem Esel und Josef unter Palme (s. Rücktitel); geschnitzt von Karl Haertle nach dem Original Museum von Oberammergau

Waldorf-Krippe
15 Holzfiguren, ca. 15 cm hoch, 1 Stern und 5 Bäume: Hl. Familie, Ochs und Esel, Verkündigungsengel, 3 Schafe, 1 Böckchen, 3 hängende Engel, 2 Elche – hergestellt von Margarethe Ostheimer. Mit allen Figuren läßt sich nach anthroposophischer Anschauung auch spielen.

Zinnkrippe
14 vollplastische Zinnfiguren von 12 cm Größe; Unikat, gegossen von Ullrich Grabowski, 1983

Tafel VII: **Blockkrippe aus dem Grödnertal/Südtirol** in barockem Stil, blattvergoldet, 30 cm, 1987; **Kruzifix** 63 cm hoch

Tafel VIII: **Keramikkrippe aus Oberägypten,** glasierte Tonfiguren von Meister Sabet Labib, Garagos/Kus, Prov. Quena

Tafel IX: **Dreiflügelige Ikone (Triptychon) aus Äthiopien,** 43 cm hoch, mit Hl. Familie, Salome, Verkündigung, Mariendarstellung und dem Apostel Thomas

Weitere Bände zum Thema Völkerkunde

Rüdiger Vossen
Sowjetunion
Völker der Sowjetunion – vor und nach der Revolution
Wegweiser zur Völkerkunde Bd. 23
216 Seiten, 100 teils farbige Abb.
ISBN 3-7672-1057-6

Clara B. Wilpert (Hrsg.)
Der Flug des Bumerang
40 000 Jahre Australier
Wegweiser zur Völkerkunde Bd. 35
Mit Beiträgen von C. B. Wilpert, W. Bretfeld, D. Heintze, H. Peter und G. Völger
180 Seiten, über 50 teils farbige Abb. ISBN 3-7672-1029-0

Clara B. Wilpert
Südsee
Inseln, Völker und Kulturen
Wegweiser zur Völkerkunde Bd. 34
230 Seiten, über 100 teils farbige Abb. ISBN 3-7672-1001-0

Jürgen Zwernemann/Wulf Lohse
Aus Afrika
Ahnen – Geister – Götter
190 Seiten, 235 teils farbige Abb.
ISBN 3-7672-0942-X

Rüdiger Vossen
Reisen zu Marokkos Töpfern
Forschungsreisen 1980 und 1987
Wegweiser zur Völkerkunde Bd. 36
Mit Beiträgen von U. Masemann, I. Schütz, S. Straatmann und K. Vossen
424 Seiten, über 300 teils farbige Abb. ISBN 3-7672-1106-8

Wally, Barbara/Horn, Wolfgang:
1980 Naive Kunst aus Polen. Skulpturen, Bilder, Reliefs aus der Sammlung Orth. Nürnberg 1980.

Walz, Markus:
1988 Weihnachtskrippen im Kölner Raum: Verbreitungsgeschichte – Funktionszuweisungen – Gestaltung. Köln 1988.

Walzer, Albert:
1960 Schwäbische Weihnachtskrippen aus der Barockzeit. Konstanz 1960.

Weber-Kellermann, Ingeborg:
1978 Das Weihnachtsfest. Frankfurt 1978.

Weinhold, Gertrud:
1978 Freude der Völker. München-Berlin 1978.

Weismantel, Leo:
1930 Buch der Krippen.

Widmann, Werner A./Spitta, Wilkin:
1976 Die wahrhaft göttliche Kommedi. Regensburg 1976.

Rietschel, Christian:
1973 Die Weihnachtskrippe. Berlin 1973.
Ringler, Josef:
1930 Deutsche Weihnachtskrippen. Eine Auslese deutscher Krippenkunst aus vier Jahrhunderten. Innsbruck 1930.
ders.:
1969 Alte Tiroler Weihnachtskrippen. Zur Kenntnis ihrer geschichtlichen, volkskundlichen und künstlerischen Entwicklung. Innsbruck-München 1969.
Ripert:
1956 Les origines de la crèche en Provence et des Santons Populaires. Marseille 1956.
Rosenberg, Alfons:
1975 Christliche Bildmeditation. München 1975.
Ruland, Josef:
1978 Weihnachten in Deutschland. Hohwacht 1978.
Schier, Gertrud:
1986 Epiphanie – Dreikönigstag. In. R. Vossen: Weihnachtsbräuche in aller Welt. 2. Aufl. Hamburg 1986: 145–152.
Schindler, Margarete:
1988 Die 2. Ausstellung von Weihnachtskrippen im Buxtehuder Zwinger. Heimatverein Buxtehude, e. V., 1988.
Schmeling, Hans-Georg:
1986 Göttinger Christgärten. Informationen zur Volkskunde. Städtisches Museum Göttingen, 1986.
Schwering, Max-Leo/Walz, Markus:
1984 Kölner Weihnachtskrippen. Köln 1984.
Stefanucci:
1944 Storia del Presepio. Roma 1944
ders.:
1950 Il Libro dell'Amatore del Presepio. Roma 1950.
Vossen, Rüdiger:
1985/6 Weihnachtsbräuche in aller Welt. Weihnachtszeit – Wendezeit. Martini bis Lichtmeß. Mit Beiträgen von Karla Vossen und Gertrud Schier. Christians Verlag Hamburg, 1. Aufl. 1985, 2. Aufl. 1986.
Vossen, Rüdiger/Kelm, Antje/Dietze, Katharina:
1987 Ostereier – Osterbräuche. Vom Symbol des Lebens zum Konsumartikel. 4. Aufl. Christians-Verlag Hamburg 1987.

Kruhöffer, Barbara:
1981 Weihnachtskrippen der Völker. Ausstellung im Bomann-Museum, Celle, vom 29. Nov. 1981 bis 10. Jan. 1982
dies.:
1987 Weihnachtskrippen der Völker. Stolzenau 1987.
Lanz, Josef:
1981 Krippenkunst in Schlesien. Marburg 1981.
Lavado Paradinas, Pedro J.:
1986 Los Belenes, una artesania tradicional navideña en España. In: Via Libre, 23. Jg., Nr. 275, Dez. 1986.
Lehmann:
1955 Die Kunst der jungen Kirchen. Berlin 1955.
ders.:
1966 Afroasiatische christliche Kunst. Berlin 1966,
Lidel, Erich:
1978 Die schwäbische Krippe. Weißenhorn 1978.
Lipp, Franz Carl:
1964 Krippen und weihnachtliche Volkskunst im Schloßmuseum zu Lienz.
López-Guzman, Miguel L.:
1985 Oficios Artesanos Murcianos. Maestros Nineros y Belenistas. Murcia 1985.
Lowdes, Rosemary/Kailer, Claude:
1972 Make Your Own World of Christmas. New York 1972.
Mantel, Kurt:
1977 Geschichte des Weihnachtsbaums. Hannover 1977
Martinez Palomero, Pablo:
1983 El Belén en España. Ed. Torrecolor, Madrid 1983.
Mount:
1973 African Art the Years since 1920. Ontario 1973.
Odin, Karl-Alfred:
1990 Die Antwort der Feste. Sinnzeichen durch das Jahr. Herder Taschenbuch Freiburg 1990.
Rácz, István (Hg.):
1964 Lauft ihr Hirten allzugleich. Weihnachtsspiele, Krippenfiguren. Haydn-Sonate (mit Schallplatte). Olten/Freiburg 1964.
Rattelmüller, Paul Ernst (Hg.):
1975 Das große Leben Christi, gezeigt an der Jahreskrippe des Fürstbischofs von Brixen. München 1975.

Jutekrippe aus Bangladesch
6 Krippenfiguren aus Jute, 4 hängende Engel

Indien
Gipskrippe aus Indien
Heilige Familie, Ochs und Esel, 4 Hirten, 3 Könige, 3 Schafe, Verkündigungsengel; Kirche St. Martin, Bangalove, Süd-Indien; erworben 1982

»Blattkrippe« aus Indien
bemaltes Blatt vom indischen Bodhi-Baum (peepul-tree), dem Baum, unter dem Buddha seine Erleuchtung (bodhi) erlebt haben soll. Nach Kruhöffer (1987: 46) gilt der peepul-tree in Südindien als Symbol der Fruchtbarkeit. Dargestellt ist Maria in indischem Sari mit dem in weiße Tücher gehüllten Kind, zu ihren Füßen ein weißes Schaf. (s. Foto 43); Geschenk Prof. Gertrud Weinhold, Berlin 1990

Batiktuch aus Indien
Maria mit dem Kinde; Heiligenschein in Form von Lotosblüten (s. Foto 44)

Batikarbeit aus Sri Lanka
Maria mit dem Kind

Mit dieser Übersicht haben wir 143 von ca. 250 Krippen der Sammlung Maud Pohlmeyer in knapper Form vorgestellt. Dazu kommen 16 Kreuzdarstellungen und 6 Szenen der »Flucht nach Ägypten«.

Die Krippen stammen aus insgesamt 47 Ländern, 18 davon sind europäisch, 29 außereuropäisch. Damit vermittelt die Sammlung Pohlmeyer ein eindrucksvolles Spektrum der Weihnachtskrippen der Völker heute.

Foto 44: Maria mit dem Kinde; indische Batikarbeit; Heiligenscheine in Form von Lotosblüten

ZITIERTE UND WEITERFÜHRENDE LITERATUR

D'Agnel et Dor:

1927 Noël en Provence. Paris 1927.

Alverdes, Paul:

1953 Legende vom Christ-Esel. Ill. von Willi Harwoth. Hamburg 1953.

Ammann, Gert/Schneider, Manfred:

1985 Ein Kind ist uns geboren – ein Sohn ist uns geschenkt. Weihnacht in der Tiroler Kunst. Tiroler Landesmuseum Ferdinandeum Innsbruck. 1985.

D'Arnaud:

1962 Santons et traditions de Noël en Provence. Marseille 1962

Artes y Costumbres Populares de la Region de Murcia:

1983 darin: Fernando Fernández Espejo: Murcia, artesanal, pp. 57–64, Beitrag über die Krippentradition von Murcia.

Bachmann, Manfred:

1965 Krippenschnitzerei im sächsischen Erzgebirge. In: Die Weihnachtskrippe, XXXII, Köln 1965: 82 ff.

Bayerisches Nationalmuseum München:

1972 Weihnachtskrippen – Illustrierter Führer durch die Krippenabteilung.

Berliner, Rudolf:

1926 Denkmäler der Krippenkunst. Augsburg 1926.

ders.

1946 The origins of the crèche. In: Gazette des Beaux-Arts. Jg. 88, Folge 6, Bd. 30, 1946: 249–278.

ders.:

1955 Die Weihnachtskrippe. München 1955.

Bettanini, Antonio/Moreno, Diego:

1970 Il Presepe Genovese. Genua 1970.

Bogner, Gerhard:

1981 Das große Krippen-Lexikon. Geschichte, Symbolik, Glaube. München 1981.

Borelli, Gennaro:

1966 Sammartino. Scultore per il presepe Napoletano. Neapel 1966.

ders.:

1970 Il Presepe Napoletano. Ed. De Luca-D'Agostino. Roma 1970.

ders.:
1971 Storia del presepe Napoletano. Neapel 1971.
Bringéus, Nils-Arvid:
1972 Die Einführung der Weihnachtskrippe in schwedischen Kirchen. Festschrift Matthias Zender. Studien zur Volkskunde, Sprache und Landesgeschichte. Hg. Edith Ennen, Günther Wiegelmann. Bd. 1: 182–194, Bonn 1972.
Caballe y Clos, Tomás:
1951 El Belén Catalán, espejo del Belén Mundial. Barcelona 1951.
Carrol:
1967 Yoruba religious carvings. London, Dublin, Melbourne 1967.
Catello, Elio:
1969 Francesco Celbrano e l'arte nel presepe Napoletano del ›700‹. Neapel 1969.
Colleselli, Franz:
1972 Führer durch die Krippenabteilung des Tiroler Volkskunstmuseums Innsbruck.
La Créche:
1982/1984 Revue de l'Association Française des Amis de la Crèche. Nice, 1982, 1984.
Daxelmüller, Christoph:
1978 Krippen in Franken. Würzburg 1978.
ders.:
1981 Krippenwelt. Rezension verschiedener Krippenausstellungen mit Begleitpublikationen. In: Volkskunst, 4, 1981: 258–260.
Diaz, Maria José/Gomez, José Maria:
1982 El Arte Belenístico de la Región de Murcia. Edit. Regional de Murcia. Murcia 1982.
Döderlein, Wilhelm:
1959 Alte Krippen. München 1959.
Dörner:
1962 Mexikanische Volkskunst. München 1962.
ders.:
1966 Nacimiento. 1966.
ders.:
1968 Arte popular de America y Filipinas. Madrid 1968.
Egger, Hanna:
1978 Weihnachtsbilder im Wandel der Zeit. Von der Spätantike bis zum Barock. Wien 1978.

Engels, Mathias T.:
1979 Naive Plastik aus Polen. Recklinghausen 1979.
Erzbischof Paul von Finnland:
1983 Unser Glaube. Edition Orthodoxie. Stenone-Verlag Köln 1983: 15 ff.
Fanderl, Wastl:
1974 Schwanthaler Krippen. Rosenheim 1974.
Fleckhaus, Willy (Hg.):
1979 Aus der Kunst des polnischen Volkes. Stücke der Sammlung Ludwig Zimmerer in Warschau. Frankfurt/Main 1979.
Francois, André:
1972 Santoun – Traditions et Histoire du Santon Provencal. Ivry 1972.
Gierl, Irmgard:
1980 Das Krippenbuch zum Anschauen und Nachbauen. München 1980.
Gockerell, Nina:
1980 Krippen im Bayerischen Nationalmuseum. Innsbruck 1980.
Grass, Nikolaus:
1966 Weihnachtskrippen aus Österreich. Innsbruck 1966.
Grass-Cornet:
1975 Krippenkultur in fürstlichen Damenstiften Tirols. Innsbruck 1975.
Grieshofer, Franz:
1980 Alte Krippenkunst aus Österreich. Österreichiches Museum für Volkskunde. Wien 1980.
ders.:
1987 Krippen. – Geschichte, Museen, Krippenfreund. Innsbruck/ Frankfurt a. M. 1987.
Herrero Carretero, Concha:
o.J. Nacimiento napolitano del Príncipe Carlos de Borbón. Palacio Real de Madrid.
Hasselbladt:
1976 Meditationen zu äthiopischen Miniaturen. Stuttgart 1976.
Ihering, Barbara von:
1988 Spektakel um die Krippe. In: DIE ZEIT, Nr. 52, 23. 12. 1988.
Italiaander, Rolf:
1957 Neue Kunst in Afrika. Mannheim 1957.

Johnová, Helena:
1967 Volkstümliche Weihnachtskrippen. Das Nationalmuseum in Prag. 1967.
Karasek, Alfred/Lanz, Josef:
1974 Krippenkunst in Böhmen und Mähren vom Frühbarock bis zur Gegenwart. Marburg 1974.
Karasek-Langer, Alfred:
1964 Krippentheater und bewegliche Krippen im Sudetenraum. In: Jahrbuch für ostdeutsche Volkskunde. Nr. 8: 220 ff.
ders.:
1967 Stand und Aufgaben historischer Krippenforschung am Niederrhein. In: Rhein.-Westfäliche Zeitschrift für Volkskunde 14, 1967.
Kastner, Otfried:
1964 Die Krippe. Ihre Verflechtung mit der Antike, ihre Darstellung in der Kunst der letzten 16 Jahrhunderte, ihre Entfaltung in Oberösterreich. Linz 1964.
Kehrer, Hugo:
1908–09 Die heiligen drei Könige in Literatur und Kunst. Bd. 1–2. Leipzig 1908–1909.
Krauß:
Krippen im Erzgebirge. München 1934.
Kretzenbacher, Leopold:
1955 Weihnachtskrippen in der Steiermark. Kleine Kulturgeschichte eines Volkskunstwerkes. Veröffentlichungen des österreichischen Museums für Volkskunde. Wien 1955.
KRIPPANA:
1990 11. Krippana '90. Ausstellungsführer. Guide. Tentoonstellingsgids. Texte: Alois Krings. Hergersberg/Losheim 1990.
Kroos, Franz/Göcking, Dominikus (Hg.):
1980 Die Weihnachtskrippe 1980. Das 47. Jahrbuch. Landesgemeinschaft für Krippenfreunde im Rheinland und Westfalen. Teltge-Köln 1980.
Kriss-Rettenbeck, Lenz:..
1966/67 Anmerkungen zur neuen Krippenliteratur. In: Bayrisches Jahrbuch f. Volkskunde, 1967: 7–36.
Krug-Mann, Brigitte:
1980 Weihnachten auf dem Balkan. Würzburg 1980.

Foto 23: Krippe der christlichen Arbeiterjugend aus Kigali in Rwanda-Burundi: Holzfiguren von 15–20 cm Höhe

Foto 24: Ebenholzkrippe aus Malawi, Südost-Afrika, mit 7 Figuren

Foto 25: Gelbgußkrippe aus Burkina-Faso (Obervolta): im Guß der verlorenen Form hergestellt

Ebenholzfiguren: Hl. Familie, 2 Nomaden (Hirten), 2 Schafe u. a. (s. Foto 24)

Gelbgußkrippe aus Burkina-Faso (Obervolta)
Gelbgußfiguren aus einer Legierung von Kupfer und Zinn wurden im Guß der verlorenen Form (à cire perdue) hergestellt: Hl. Familie, Ochs und Esel, 3 Gabenbringer, 1 Hirte, 1 Schaf, 2 Ziegen (s. Foto 25)

NORDAMERIKA

Tonkrippe aus Arizona
Heilige Familie, 3 Könige, 1 Frau mit Kind, 2 Tiere; bemalte Tonfiguren, ca. 12 cm groß; Milwaukee;
Kreuz aus Silber mit Türkisen

Tonkrippe aus New Mexico
Heilige Familie aus Ton, Figuren erdfarben, 9 cm groß (s. Foto 26)

Keramikkrippe aus New Mexico
Heilige Familie, Engel, Hirte mit Schaf; bunt glasierte Keramikfiguren, 6 cm hoch

Holzkrippe aus Kalifornien
Heilige Familie, 3 Könige, 1 Hirte, 3 Schafe; Grobschnitzerei, bemalt; Figuren ca. 10 cm

Sperrholzkrippe aus Hawai
bunt bemaltes Sperrholz

Foto 26: Tonkrippe aus New Mexico im Südwesten der USA: Figuren im Hopi-Stil mit Erdfarben bemalt

MITTELAMERIKA

Blockkrippe aus Mexico
Blockkrippe aus Ton, braun-blau bemalt

Strohkrippe aus Mexico
Heilige Familie, 3 Könige, Engel: musizierend und betend; Mantelmadonna, aus Tzintzuntzan;
Strohkruzifix, gleiche Herkunft

Baumschmuck aus Mexico
Buntes Metall als Christbaumschmuck: 3 Bäume, 3 Engel, 3 Könige, Maria mit dem Kind, Ochs und Esel, 2 Schafe, 1 Huhn, 1 Glocke, 1 Fisch, 1 Soldat, 1 Mann, 2 kleine Engel mit Kerze.
Großer Engel als Leuchter, 25 cm;

Foto 27: Lebensbaumkrippe aus Mexico, wahrscheinlich Metepec/Toluca: nach dem Brand mit Anilinfarben bunt bemalt

Foto 28: Klappaltar (Triptychon, retablo) der Kooperative »La semilla de Dios«, Prov. Chalatnango, El Salvador

Tonkrippe aus Mexico
Heilige Familie, 3 Könige, Ochs und Esel; Ton, weiß und gold bemalt

Lebensbaumkrippe aus Mexico
Lebensbaum mit Krippe (nacimiento en arbol de vida) aus Ton, nach dem Brand mit Anilinfarben kalt bemalt; 35 cm hoch; Herkunft: wahrscheinlich Metepec bei Toluca (s. Foto 27)

Bemalte Tonkrippe aus Mexico
Heilige Familie, 3 Könige, Engel, Esel, 2 weibliche Figuren, 4 Schafe; Figuren ca. 16 cm hoch

Lebensbaum mit Leuchter, Mexico
(nacimiento en candelabro) Ton; nach dem Brand bunt bemalt

Flucht nach Ägypten
Heilige Familie mit Esel und Heiliggeist-Taube; Mexico

Tonkrippe aus Guatemala
Heilige Familie, Ochs und Esel, Schäfer mit 3 Schafen, 3 Könige (s. Farbtafel X), Engel; Ton, weiß engobiert; aus Chinautla
Strohkreuz

Triptychon aus El Salvador
Dreiflügelaltar (retablo) aus Holz mit der Hl. Familie, Ochs und Esel und Engeln, sehr bunt bemalt, 20 cm hoch (s. Foto 28); aus der Provinz Chalatnango im östlichen El Salo; die Region ist berühmt durch ihre kunsthandwerklichen Erzeugnisse. Fernando Llort gründete dort 1972 die Kooperative »La semilla de Diós« (»Das Saatkorn Gottes«), aus der dieses Triptychon ebenso wie das Kreuz stammen.

Krippe aus El Salvador
Krippe vor kleinem Weihnachtsbaum

Huhn-Krippe aus El Salvador
Huhn auf einem Nest; darunter die Krippe

SÜDAMERIKA

Tonkrippe aus Kolumbien
Rote Tonkrippe mit 12 Figuren: Heilige Familie, Ochs und Esel, 2 Hirten, 2 Schafe, 3 Gabenbringer (s. Foto 29)

Miniaturkrippe aus Kolumbien
Holzschälchen mit Krippenfiguren. Die Figuren wurden von Kindern gemacht.

Foto 29: Keramikkrippe aus Kolumbien, aus rotem Ton: Figuren mit ausdrucksvollen Gesichtern

Foto 30: Tonpfeifenkrippe aus Ayacucho, Perú: Figuren mit einer Pfeifvorrichtung

Strohkrippen aus Ecuador
Einzelne Figuren aus Toquilla-Stroh und Strohfiguren auf einem Untersatz; wahrscheinlich aus dem Strohhutzentrum Montechristi

Gipskrippe aus Ecuador
14 Gipsfiguren, bunt bemalt: Hl. Familie, Ochs und Esel, 3 Könige, Engel, 3 Gabenbringer, 2 Schafe; Arbeit von Indios aus Otavalo, nördl. von Quito

Andenkrippe aus Perú
Heilige Familie, 3 Könige, 1 Hirte, 2 Pariguana-Vögel, 2 Pumas, 3 Alpacas, hergestellt von Felix Gonzalez aus der Comunidad Molinos, Prov. Jauja, Dep. Junin (Mittlere Anden), angeblich von den Huanacas; erw. von Gertrud Solari, 1981

Keramikkrippe aus Nord-Perú
Hl. Familie, 3 Könige zu Pferd; Tonkrippe aus Chulucanas, peruanische Nordküste, hergestellt von Falvio Sosa, 18 Jahre, erworben von Gertrud Solari. Die Bewohner von Chulucanas leben auf dem Gebiet der vorchristlichen Vicùs-Kultur

Tonpfeifenkrippe aus Perú
Heilige Familie, Ochs und Esel,. 1 Bauernpaar (s. Foto 30); hergestellt von Sr. Pizarro (?) aus Ayacucho, Andenhochland. Das Blasloch befindet sich auf der Rückseite der Figuren.

Krippenberg und -höhle aus Perú
Ton – mit Erdfarben braun, schwarz und weiß bemalt, hergestellt von Sr. Lopez, Quinua, Region Ayacucho, Andenhochland

Flucht nach Ägypten
Hl. Familie mit Esel aus Ton, gleiche Werkstatt wie oben, erw. von G. Solari 1981

Foto 31: Altarschreinkrippe (retablo) aus Holz, bemalt: Jesuskind mit dem Kreuz in der Hand

Foto 32: Tonkrippe aus Perú mit Ochs und Esel und peruanischen Gabenbringern; Figuren ca. 30 cm; ausdrucksvolle Gesichter

Kleiner Altarschrein (retablo) aus Perú
mit zwei Türen aus Holzbrettchen mit Lederscharnieren, Ayacucho

Altarschrein (retablo), Perú
bunt bemalte Holzkrippe; Volksszene vor dem Jesuskind mit Kreuz (s. Foto 31)

Tonkrippe aus Perú
Heilige Familie, Ochs und Esel, 3 Könige; Figuren ca. 30 cm, (s. Foto 32)

»Misteri«-Krippe von Hilario Mendivil, Cusco
Heilige Familie, 3 Könige, Ochs und Esel (s. Farbtafel XI); erworben von Gertrud Solari, 1981; Misterio bedeutet Geheimnis.
Zur Rolle der überlangen Hälse und der höfischen Kleidung s. oben S. 69)

»Jungfrau Maria in guter Hoffnung«
Virgen Maria pregnada; seltene Mariendarstellung mit übergroßem Heiligenschein (s. Foto 33); hergestellt von Familie Mendivil; Geschenk Prof. Gertrud Weinhold, 1990

Fatschenkind
Jesus als Wickelkind; Werkstatt der Familie Mendivil, Juni 1990, Cusco

Engel mit Musikinstrumenten
1 Engel hängend; Werkstatt der Familie Mendivil, 1988

Christuskind mit Dorn im Fuß
auf einem Stuhl sitzend, 17 cm, mit Stoff bekleidet; Werkstatt der Familie Mendivil, Mai 1990. »Dornen deuten das zukünftige Leiden des Erlösers an.« (Herder-Lexikon Christl. Kunst)

Foto 33: »Jungfrau Maria in Hoffnung«: Mariendarstellung mit großem Heiligenschein und Anzeichen der Hoffnung; Familie Mendivil, Cusco

Foto 34: Christus am Kreuz: bunt bemaltes Holzkreuz, 42 cm groß, von Julio Mendivil, Cusco, Perú

Christus am Kreuz
Holzkreuz, bunt bemalt von Julio Mendivil, 42 cm groß; an den Füßen Rosen (s. Foto 34)

Krippe in Kalebasse, Perú
Weihnachtsgeschichte und peruanische Volksszene in einer großen Kalebasse

Kalebassen-Krippe, Perú
Heilige Familie, Ochs und Esel; alle Figuren sind aus Kalebasse, ca. 17 cm groß

Krippe im Ei, Perú

Krippe aus Alabaster, Perú
Figuren 1 cm groß: Hl. Familie, Ochs und Esel, 2 Engel

Bambusschrein (retablo), Perú
aus zwei Bambushälften, ca. 30 cm hoch, mit folgenden Szenen:
1. Fach links: Weihnachtskrippe
2. Fach links: Prozession »Die Schmerzensreiche« – La Dolorosa. Das Herz ist mit Schwertern durchbohrt.
3. Fach links: San Marcos zählt im Himmel die Tiere, so wie diese bei der Brandmarkierung und Tierhochzeit auch gezählt werden. Fest im Februar oder August, je nach Region.
4. Fach links: Auferstehung – Osterfest in Ayacucho
1. Fach rechts: Ernte der Kaktusfrüchte (Opuntien)
2. Fach rechts: Stierkampf – das große Dorffest. Der Stier wird nur getötet, wenn er sehr tapfer ist und als Opfer für die Erdmutter würdig erscheint. Der tote Stier wird mit Blumen und feinen Decken geschmückt.
3. Fach links: Weberinnen auf dem Markt.
4. Fach links: Karnevalsfest, beginnt am 2. Februar; ist das Fest der Brautschau.
Hersteller: Trini Ramos, Ayacucho; erw. von G. Solari 1981

Hinterglasmalereien, Perú
Krippenszene und Kreuz

Kreuz, Perú
»Kalvar«, versilbert, Cusco und Glasperlen-Rosenkranz

Kupferkrippe aus Chile
Heilige Familie, 2 Ochsen, 1 Schaf; Santiago

Tonkrippe aus Chile
Heilige Familie, 1 Hirte mit Hund, 2 Kinder; Ton in Brauntönen (s. Foto 35; Diaguita-Indios, Nord-Chile

Wandbehang aus Stoff, Chile
sog. arpillera, Stoff-Applikationsarbeit von Frauen in Santiago mit der Darstellung: »El pueblo va a visitar a Jesús« – Das (chilenische) Volk geht Jesus besuchen.

Tonkrippe aus Argentinien
Heilige Familie, 2 Hirten, 3 Hunde, 4 Lamas, 2 Gürteltiere, 3 schwarze Schafe, 13 weiße Schafe, 2 Vögel, kl. Schälchen, 1 Leuchter; gebrannter Ton, glasiert; hergestellt von Wiebke Huber-Petersen, 1982

Kalebassenkrippen aus Uruguay
Krippe in einer Kalebasse

Blockkrippe aus Brasilien
aus rotgebranntem Ton; eindrucksvolle Arbeit; anstelle von Ochs und Esel: Hahn und Schaf (s. Foto 36)

Foto 35: Tonkrippe der Diaguita-Indianer, Nord-Chile

Foto 36: Blockkrippe aus Brasilien, aus rotem Ton; »naive« Darstellung; anstelle von Ochs und Esel: Hahn und Schaf

Foto 37: Bambuskrippe aus Taiwan: Krippenfiguren und Stall aus Bambuskörpern und -elementen

Foto 38: Flucht nach Ägypten auf einem Esel; Josef mit chinesischen Gesichtszügen; farbiger Druck aus Taiwan

Foto 39: Chinesischer Scherenschnitt: Maria mit dem Kind, Esel und Beleuchtung

Foto 40: Thronende Maria mit dem Kind; Gabenbringer schenken Rosen und Rosenkränze; farbiger Druck aus China

Foto 41: Madonna mit dem Kind in einem Bambushain, Postkarte, Japan

ASIEN

Bambuskrippe aus Taiwan
10 Krippenfiguren aus Bambus und Bambusstall (s. Foto 37)

Flucht nach Ägypten
farbiger Druck aus Taiwan (s. Foto 38)

Scherenschnittkrippe aus China
Weihnachtsgeschichte im chinesischen Scherenschnitt (s. Foto 39)
Kreuz mit Glasfluß-Verzierung in Cloisonné-Technik

Maria mit dem Kind aus China
farbiger Druck: Maria mit Gabenbringern (Rosenkränze), (s. Foto 40)

Foto 42: Reispapierkrippe von den Philippinen. Plastische Figuren sind mit farbigem Reispapier bekleidet.

Krippe aus Japan
Krippe mit Kind und Stern; Kakemono (Maria mit dem Kind)

Postkartenserie, Japan
10 Postkarten mit Darstellung der Madonna mit dem Kind (s. Foto 41)

Holzkrippe von den Philippinen
Holzfiguren, 18 cm groß, bunt bemalt: Hl. Familie, 3 Hirten, 3 Könige, 3 Kamele, 1 Engel

Reispapierkrippe von den Philippinen
plastische Figuren mit farbigem Reispapier bekleidet: Maria mit dem Kind sitzend, 30 cm; Josef stehend, 40 cm (s. Foto 42)

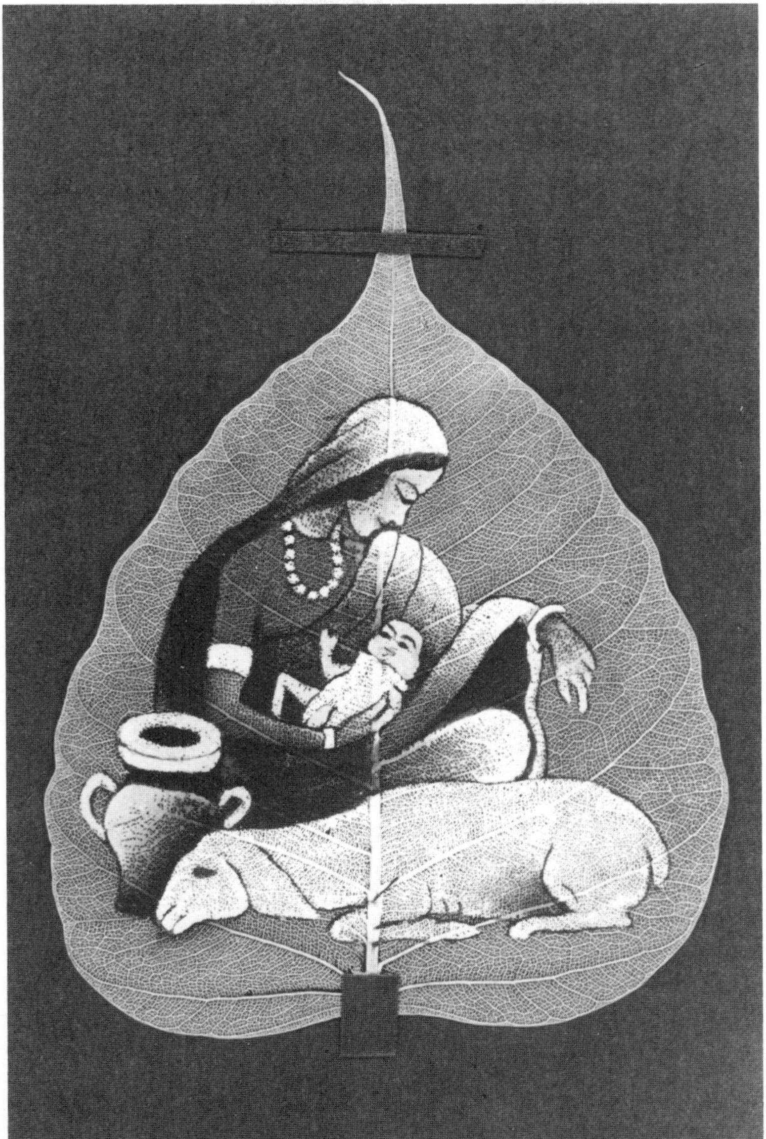

Foto 43: »Blattkrippe« aus Indien; bemaltes Blatt vom indischen Bodhi-Baum, dem Baum der Erleuchtung Buddhas

Foto 21: Holzkrippe der Akamba vom Fuß des Mount Kenia: Figuren in typisch afrikanischer Haltung in ihren täglichen Beschäftigungen

Foto 22: Dornholzschnitzerei der Yoruba, Nigeria: Dorfszene mit Rundhütten, Frauen am Stampfmörser usw.

Köpfe der Figuren aus Eicheln; Ketten z. B. aus Fichtennadeln und Erlensamen; hergestellt von Frau Erna Mattmüller, Basel 1981 (s. Foto 13)

»Orientalische« Krippe aus Österreich
Hl. Familie, 3 Hirten, 3 Könige, bekleidet; hergestellt von E. Rainer, Golling 1983

Blockkrippe aus dem Grödnertal/Südtirol
in barockem Stil; 30 cm hoch; blattvergoldet 1987
mit barockem Kruzifix, vergoldet, 63 cm hoch, Österreich
(s. Farbtafel VII)

Rupfenkrippe aus Österreich
Rupfenpuppen: Hl. Familie, 1 Kinderpaar

SÜDEUROPA

Muranoglas-Krippe aus Italien
Auf Murano bei Venedig werden neben Gläsern und Glasperlen auch Krippenfiguren hergestellt: Hl. Familie Ochs und Esel, 2 Engel, 1 Palme, 1982 (s. Foto 14)
Daneben: **Kreuz** mit feiner Glasinkrustation, Italien

Terracotta-Krippe aus Italien
in byzantinischem Stil, bunt bemalt, mit 28 Figuren

Neapolitanische Terrakottakrippe
Maria mit dem Kind und Josef unter Blütenkranz (s. Farbtafel IV)

Terracottakrippe aus Spanien
Heilige Familie, Ochs und Esel, Verkündigung; Jesus lernt laufen; Barcelona 1982–1985

Tonkrippe aus Barcelona
bunt bemalt: Hl. Familie, Ochs und Esel, Verkündigungsengel, Hirte: Artesania Vidal, Calle Caballeros 13, Barcelona 4, 1982

Tonkrippe aus Murcia
Hl. Familie mit liegender Maria, Ochs und Esel, Engel, 1983 (s. Farbtafel V)

Ton- und Textilkrippe aus Murcia
Hl. Familie, Ochs und Esel,
Werkstatt Pedro Serrano Moñino, Murcia; Sammlung Hamburgisches Museum für Völkerkunde

Blockkrippe aus Tenerifa, Kanarische Inseln
Ton, bunt bemalt, 30 cm hoch: Hl. Familie vor Lebensbaum mit Engelskopf über dem Baum (s. Farbtafel XII)

Blockkrippe aus Mallorca
Ton, in der alten Tradition der Tonpfeifen (siruells) handmodelliert, einmal gebrannt, nach dem Brand in ein Kalkbad getaucht und rot und grün bemalt; Umgebung von Palma di Mallorca
(Einzelheiten s. Juan Llabres Ramis: La cerámica popular en Mallorca 1977)

Blockkrippe aus Barcelos, Portugal
Tonkrippe (retablo), handmodelliert und nach dem Brand mit Ölfarben bemalt; Werkstatt »Misterio«, Barcelos bei Lissabon

Altarkrippe aus Estremoz, Portugal
Tonkrippe, bunt bemalt, in Altarform mit Hl. Familie, 3 Gabenbringern, 3 Königen (s. Foto 15); Estremoz/Evora, Alentejo

Korkkrippe aus Portugal
aus dem in Portugal weit verbreitenden Kork der Korkeichen; Korkfiguren in Korkrinden-Schale (s. Foto 16); Evora, Alentejo

VORDERASIEN

Weihnachtskrippe aus Israel
11 Figuren aus Olivenholz geschnitzt, ca. 15 cm hoch, mit Stall

Muschelkrippe aus Israel
Geburtszene aus dem Perlmutt-Gehäuse einer Haliotis-Muschel herausgearbeitet (s. Foto 17)

Krippe in einer Meerohr-Muschel

Gelbgußkrippe aus Syrien
10 Gelbgußfiguren mit der Hl. Familie, 3 Königen, 3 Schafen, Kamel, 1 Ochse, 1 Esel aus Jordanien, 1 Esel mit Reiter sowie 3 Kamelen mit Frauen aus der Türkei

AFRIKA

Keramikkrippe aus Oberägypten
12 farbig glasierte Tonfiguren von ca. 20 cm Höhe aus Garagos/Kus, Prov. Quena; Töpfermeister Sabet Labib, Töpferei 1950 von Jesuiten gegründet (s. Farbtafel VIII)

Flucht nach Ägypten
Darstellung auf einem Kelim von ca. 1 m x 0,60 m; Weberei bei Kairo

Koptische Kreuze
Anch-Kreuz auf Papyros. Das koptische Kreuz ist aus dem altägyptischen Hieroglyphenzeichen »anch« = Leben hervorgegangen.
Anch-Kreuz aus Silber; Tonkreuz aus Garagos/Oberägypten; Koptisches Kreuz aus geflochtenem Leder.

Äthiopien
Dreidimensionale Heiligen- und Krippendarstellungen sind unter den koptischen Christen **Äthiopiens** nicht bekannt. Dagegen gibt es dort Holzreliefs, Textil- und Pergamentmalerei im **koptischen Ikonenstil.**

Reise-Ikone aus Äthiopien
Zweiflügelige Ikone (Diptychon) aus Holz: Maria und Johannes, Maria mit Kind, Engel Gabriel und Michael

Triptychon aus Äthiopien
Dreiflügelige Ikone aus Holz, 35 cm hoch, bemalt: Maria mit Kind; auf den Türen innen und außen Engel mit Kreuz und Schwert

Triptychon
aus Holz, bunt bemalt

Triptychon mit der Hl. Familie
Holzflügel, 43 cm hoch, mit Darstellung der Hl. Familie; Salome; Verkündigung durch den Erzengel Gabriel, Maria beim Spinnen; Maria gibt den Dürstenden Wasser; Mariae Himmelfahrt; der »ungläubige« Apostel Thomas (s. Farbtafel IX)

Pergamentrolle
mit der Geburtsszene; äthiopische Ikonenmalerei

Handkreuz aus Äthiopien
versilbert, 30 cm hoch, mit folgenden Darstellungen: Geburt Christi mit Engel und den drei Weisen, Ochs und Esel; auf der Rückseite: Auferstehungsszene; Maria und die Frauen am Grabe u. a.; Handgriff in Form einer menschlichen Figur mit erhobenen Händen (s. Foto 18)

Batik-Krippe aus Kenia
Maria mit dem Kinde im Stall; Batikarbeit auf einem Tuch, 50 x 60 cm

Makonde-Krippe aus Tansania
Ebenholzschnitzerei der Makonde, 1983; Figuren ca. 40 cm hoch: Hl. Familie, 2 Hirten, 2 Könige, 1 Engel, 4 Tiere (s. Foto 19)

Lebensbaumkrippe aus Tansania
Ebenholzschnitzerei, 50 cm groß (s. Foto 20)

Foto 19 a: Figuren der Makondekrippe aus Tansania, Ebenholzschnitzerei

Blockkrippe der Makonde, Tansania
aus dem Holz des Ebenholzbaumes geschnitzt: das helle Splintholz verläuft vom Jesuskind zum Stern

Blockkrippe aus Tansania
Ebenholzschnitzerei der Makonde; Hl. Familie: die Figur des Josef dominiert, Maria lehnt sich an ihn an; daneben Engel mit großen Flügeln und Kruzifix aus Ebenholz

Zedernholzkrippe aus Kenia
12 Figuren von ca. 15 cm Höhe: Hl. Familie, Ochs und Esel, Hirte, 2 Schafe, Frau mit Kindern, 1 Trommler, 2 Flötenspieler, 1 Lampenträger

Akamba-Krippe aus Kenia
Holzkrippe vom Stamm der Akamba am Fuß des Mount Kenia; 16 Figuren, darunter 7 Figuren in verschiedenen Haltungen und Tätigkeiten, u. a. Sitzender auf Dreibeinhocker, Frau mit Tragestirnband, Büffel, Elefanten, Nilpferde, Warzenschwein (s. Foto 21)

Blockkrippe aus Kenia
aus schwarzem Ton mit Darstellung der Hl. Familie

Holzkrippe aus Togo
Hl. Familie, ca. 15 cm hoch

Tonkrippe aus Togo
Hl. Familie, 3 Könige, 2 Tiere mit Kokosnuß-Hütte; ca. 5 cm groß

Dornholzschnitzerei der Yoruba, Nigeria
Dorfszene mit Hütten; Figuren ca. 8 cm: Hl. Familie, Hirten, Schafe, Engel, Mann mit Trinkgefäß, mit Messer, 2 Frauen mit Kindern, Mörserstoßende Frau, Trommler, Gabenbringer (s. Foto 22)

Das Holz stammt vom Kapok- oder Wollbaum (ceiba pentandra), dessen Rinde in seiner Jugend mit kegelförmigen Stacheln besetzt ist. Die Farbe das weichen, aber festen Holzes schwankt zwischen hellweißlich und fahlbraun.

Holzkrippe aus Rwanda-Burundi
7 schlanke afrikanische Holzfiguren von 15–20 cm aus einer Werkstatt der christlichen Arbeiterjugend in Kigali/Rwanda: Hl. Familie, 2 Hirten, Ochse, Schaf (s. Foto 23)

Ebenholzkrippe aus Malawi, Südost-Afrika
Diese vermutlich von Bantu-Sprechern hergestellte Krippe umfaßt 9

»Harzer Bergmannskrippe«
Holzkrippe des Schnitzers M. Meier, Altenau/Oberharz 1989:
Maria, Kind im Korb, Josef als Bergmann mit Mooskäppchen und Froschlampe, Altvater mit Erzbrocken und Kapuze, Bergmann mit Erzmulde, Pochjunge mit Erzkübel (s. Foto 12)

Papierkrippe zum Anker-Baukasten
Hl. Familie, 3 Könige, Kamel, 6 Hirten, 1 Hund, 2 Schafe, 1 Ziege, Engel; hergestellt 1925

Klappkrippe in Buchform
deutsche Papierkrippe, hergestellt um 1930

Kellenrieder Krippe
Maria mit Kind, 1 Bote, 1 Junge mit Brennholz, 1 Alte mit Tochter; aus dem Kloster Kellenried in Süddeutschland, 1986

Tonkrippe aus dem Kloster Nützschau/Bad Oldesloe
rote Tonfiguren von ca. 20 cm Größe, modelliert von Pater Ansgar, 1987. Josef, der hörende, spricht nie. Gott sagt zu ihm: »Nimm Maria zur Frau ... nimm Dein Kind ... geh auf die Flucht.« Maria mit der Geste: Gebt die Gaben dem Kind. Christus weist auf das Kreuz hin: Ich gebe – ich empfange.

»Hessenkrippe«
Figuren in hessischen Trachten aus katholischen Dörfern, gearbeitet von Gertrud Gnau mit Stickereien von Frau Vey

Geschnitzte Krippe aus der Schweiz
Hl. Familie, 2 Bauern, Esel mit Stall; leicht getönt
(s. Farbtafel 3)

Spankrippe aus der Schweiz
Hl. Familie, 2 Hirten, Engel, 3 Könige, Palme und Stall;

Zinnkrippe
Theaterkrippe aus Diessen am Ammersee (s. Foto 11)

Augsburger Zinnkrippe
18 Zinnfiguren und ein Haus, Augsburg 1982

Gablonzer und Neugablonzer Glaskrippen
Krippen aus buntem und aus weißem Glas. Gablonz ist ein altes Glasbläserzentrum im Sudetenland, Neugablonz eine Neugründung in Bayern nach der Vertreibung der Sudetendeutschen.

Holzkrippe aus dem Erzgebirge
Krippe mit Stall aus Grünhainichen im Erzgebirge

Weihnachtspyramide aus dem Erzgebirge
ursprünglich ein Leuchter oder Lichtszepter, seit Mitte des 19. Jhs. auch als Drehpyramide verbreitet. Hauptzentrum war das Bergwerkstädtchen Seiffen. Die Krippenfiguren sind in der Regel gedrechselt.

»Heidekrippe«
große Krippe aus der Lüneburger Heide – hergestellt von Familie Sievers-Hahn, Borstel/Rothenburg 1980, bestehend aus: Hl. Famlie, 3 Königen mit Gefolge, Verkündigungsgruppe, Beduinengruppe mit Kamelen, Heidschnucken, Schafen, Ziegenhirt mit Ziegen, Gänseliesel mit Gänsen, Waldtieren, Vögeln, Kindern, Engeln und Stall.

Sperrholzkrippe aus Schleswig-Holstein
Entwurf von Frau Nasedy um 1920; Kopie angefertigt von Rektor Raabe mit seinen Schülern in Friedrichstadt

»Hummel-Krippe«
Hl. Famlie, Ochs und Esel, 3 Könige, 1 Hirte, Stall. Maria Innocentia Hummel, eine Franziskanerin, entwarf die Figuren, der Porzellanfabrikant Goebel stellt sie seit 1986 her.

Tafel XII: **Blockkrippe von den Kanarischen Inseln,** bunt bemalter Ton; Hl. Familie vor Lebensbaum mit Engelskopf, Tenerifa

Tafel X: **Keramikkrippe aus Guatemala** aus weiß engobiertem Ton: die heiligen drei Könige aus Chinautla

Tafel XI: **»Misteri«-Krippe aus Cuzco, Peru:** Heilige Familie, Ochs und Esel, drei Könige aus Mehl/Ton/Gipsmasse von Hilario Mendivil